# 碧山

11

方志小说

出品

左靖工作室
Zuo Jing Studio

主编

左靖

中信出版集团 | 北京

图书在版编目（CIP）数据

碧山. 11, 方志小说 / 左靖主编. -- 北京 : 中信出版社, 2019.11

ISBN 978-7-5217-1141-7

Ⅰ. ①碧… Ⅱ. ①左… Ⅲ. ①中华文化—文集 Ⅳ. ①K203-53

中国版本图书馆CIP数据核字（2019）第213625号

碧山 11——方志小说

主　　编：左靖
策划推广：北京地理全景知识产权管理有限责任公司
出版发行：中信出版集团股份有限公司
（北京市朝阳区惠新东街甲4号富盛大厦2座　邮编　100029）
承 印 者：北京华联印刷有限公司

开　　本：720mm × 960mm　1/16　　印　　张：16　　字　　数：300千字
版　　次：2019年11月第1版　　印　　次：2019年11月第1次印刷
书　　号：ISBN 978-7-5217-1141-7
定　　价：68.00元

# 目录

民』的束缚，但教育与自我教育的内涵依然存在。方志·小说之所以可以对举，不仅有着非虚构和虚构之别，内容上的轻重互补、社会责任承担的多寡也是两者可以并提的原因。从目前进行的两季写作情况看，至少从我亲历的云南翁基驻村写作的结果看，方志小说更多是写作者面向地方的艺术创作，也许可以说，『小说』的成分多些，『方志』的部分少些。不过，地方性是方志小说写作的出发点和归属地，这一点是大家的共识。地方是写作的空间框架，脱离这个框架的写作将不成立。作为这个空间的外来者，驻村写作者并不可能马上就享有与在地群体共同的记忆与身份的认同，在短至一周或两周的共同生活中，这个空间看似敞开，但可能更多的是闭合，也许只有相当长时间共同生活的延续，这个地方才会真正地为外来者打开。这么说并不意味着我怀疑方志小说写作的有效性，只是我不太想一厢情愿地夸大方志小说的价值。地方性的发掘与重塑，从来都是一个漫长的过程。之所以我对方志小说驻村写作计划有着浓厚的兴趣，恐怕还是与这些年我的工作经历有关。在乡村从事一些文化上的工作，核心就是对地方性知识的梳理（地方需要不间断的书写和编修，从而形成地方自身的完整叙事），把梳理的结果通过各种媒介展示出来，并做成出版物，在一个地方的历史、地理、村落、建筑、风俗、物产、信仰等常规写作之外，加上一些个人化的跨媒介创作，为中规中矩的文本写作增添更多的记忆内容和形式——因为不同的媒介会寻找适合自己的对象和范围。写到这里，我突然发现，我们的乡村工作不正是一种『方志·小说』式的写作和实践吗？只不过我们可能在『方志』的部分用力多一些——当然不是『官修』方志那种。事实上，长期以来，我内心向往的是一种类似『年鉴学派』的工作方式，而对日常生活的关注和书写，层累和叠加，以及广泛吸引和接纳跨领域人士参与工作，正是方志小说的题中之义。当然，精耕细作对重塑地方性是必不可少的，所以，一种持续性的机制必须被建立和完善，否则会堕入脆弱的联结，以及印象式的抒情的危险。除此之外，服务地方是我制定的乡村工作的最重要原则。如此一来，我们细致梳理、精心打磨的最终作品，对当地居民而言，会是一本特殊的『乡土教材』，对外来游客而言，又是一种了解地方的别样的『观光手册』。总之，我希望我们的乡村工作能够承担一些社会责任，而不仅仅是一种个人化的『艺术实践』。黎锦熙在《方志今议》中认为方志的作用有四：一是科学资源；二是地方年鉴；三是教学材料；四是旅行指导。前两个作用是大白话，暂且不说，仔细想一下，后两者不正是目前我们在乡村做的工作吗？

二〇一九年五月十二日于北京

# 卷首语

## 方志·小说

左靖

2017年的一天，芬雷问我是否可以推荐几个乡村，作为『方志小说联合驻村写作计划』的驻留地。彼时，我正奔波于云贵浙等地，与当地的关系较为熟稔，可以解决一些落地的接待问题，加之这几个地方，或者我的项目正在进行，或者项目正在谈判中，方志小说写作计划的进驻，无疑会为这些项目的内容增加一些别样的视角，于是我欣然应允，积极联系。后来，方志小说驻村写作计划第一季顺利开展，五个驻留地，我一口气贡献了三个：云南的翁基、贵州的地扪和浙江的石仓。

『方志小说』作为一个联合词组，应该是发起人芬雷、周功钊的发明，当然，他们有一个官方的解说。从现代人的观点看来，方志和小说，在词意上是完全相反的，前者写实，后者虚构。其实并不尽然。从起源上看，方志和小说，都跟古代的职官有关系，方志起源于《周礼》，相关的官职有职方、土训、诵训三种，他们的工作范围多在职掌一个地方的山川地理、风俗人情，也就是说，方志本是职官为君王知晓自己所统御之地的各类信息而编纂的资料书，所以郑玄说，『说四方所识久远之事以告王』，张铣说，『方志谓四方物土所记录者』。『告王』的资料，不敢虚构；记录四方物土，不可虚构。所以，从方志的起源看，写实应该是共识。吊诡的是，本应是『求真写实』的书写，在中国，或因威权，或因伦理，或成王败寇，或为尊亲者讳，向来问题多多，比如，明嘉靖《永丰县志》载有『三不书』的规定，『凡无考者不书，物无用与泛者不书，仙释无稽者不书』。这个欲盖弥彰的规定，恰恰证明了在历代的方志书写中，并不完全遵循写实这一铁律。小说则出自稗官（见《汉书·艺文志》），按照班固的说法，稗官的职责大抵是记录『街谈巷语、道听涂（同『途』）说』。虽然是『小道』，但也有可取之处；因为是『小道』，所以在内容上不必拘泥于是否真实，这就埋下了不避虚拟的种子，只要利于『治身理家，有可观之辞』（桓谭《新论》）就足矣。在这个意义上，方志的『资治、教化、存史』三大功能，是为政化民的大道；而小说则『出身寒微』，不太被待见，『闾里小知者之所及，亦使缀而不忘。如或一言可采，此亦刍荛狂夫之议也』（班固《汉书·艺文志》）。但归根结底，方志和小说，都有一个『官书』的源头，本意都是朝廷为了自上而下的『为政化民』。

上面是古代的说法。到了当代，我以为方志小说驻村写作就是民间的写作，自由的写作，没有『为政化

# 卷一　专题

碧山站

# 驻村写作联展

策展 周功钊 龙奕瑭 芬雷

顾问 左靖

视觉 许丹

执务 邢瑞 如蔆

# 方志小说

特邀艺术家 刘庆元 刘加 孙存明

翁基（云南） 龚慧 姜山 赵玉

地扪（贵州） 何阳秋珏 沈木槿

后田（福建） 黄雯青

新基（广东） 黄成 李汉周

石仓（浙江） 柯曼

## 2018.1.30

## 16:00 开幕

碧山工销社
安徽省黄山市黟县
碧山村

碧山工銷社
碧山村的會客廳
方|志|小|说
GAZETTEER NOVEL

碧山
BI SHAN

暴风影音
BAOFENG.COM
暴风公益

# 方志小说。为什么去乡村写作

芬雷

2017年7—8月，周功钊和我发起了一个联合驻村写作计划，主题是“方志小说”，18位作者受邀分别前往云南普洱的翁基、贵州黎平的地扪、浙江丽水的石仓、福建厦门的后田和广东东莞的新基等5个村落，开展了为期数周的在地写作。这个计划得到左靖老师及其团队的鼎力支持。2018年2月，我们在安徽碧山的工销社进行了一次驻村写作联展，对这次“方志小说”写作计划做了一次阶段性的总结。

什么是“方志小说”呢？借用我们展览前言中的话来说吧：方志，在于“辨方经野、因人纬俗”，成一方之志；小说，源自“稗官野史、街谈巷议”，为世情之说。方志纪实，关乎现场经验，小说写虚，关乎想象历险，而方志小说将两者杂糅，意在虚实并用，彼此激发，开启协商性的在地写作。

* * *

“方志小说”跟地方有关，但这个地方不一定就是乡村。小镇可以，县城可以，大城市也可以，为什么要去乡村呢？因为方便走访和观察。方便不见得容易，尤其当你靠近它并认为自己可以一天之内游遍村子的时候，乡村开始呈现它整体空间的一面，所谓“麻雀虽小，五脏俱全”，任何一门专业的知识都无从对应。这是其一。其二，在“返乡笔记”和“乡愁文学”的反复观照下，乡村话语复杂交织，残酷的、焦灼而无所适从的，理想的、安然而如其所是的……任何一种个人的经验皆无法周全。

面对如此不易，方志的做法也许最为安全。首先，就像博尔赫斯提及的源于中国的分类法，几乎每一本方志的目录都不尽相同，方志以历史谱系的面貌呈现了整体空间的档案状态。其次，方志的写作绝少用第一人称，这使得叙述近于记录，写作即为整理。不过也有例外。周功钊曾提及明代文学家冯梦龙（1574—1646）的《寿宁待志》，用的就是第一人称，以致有人把这本志书当作自传文学。第一人称对于方志写作之所以重要，在于它给予了地方空间一个文学性的潜在可能，它开启了一种个人与地方空间的叙述性关系。而且冯梦龙这个人很奇怪，他声称所有的志书都只能是未完成状态，所以他干脆写成“待志”，有点时不我待的意思。这个未完成状态，允诺了地方的开放性与好客精神。

然而方志还是过于坚固了，它有自己的规制，而且大都出自官家之手，属于一种自上而下的写作。从既有的方志来看，府志、县志多，村志相对较少。乡村在方志之中更多出自管理的需要简单记录，或作为军事攻守之备案，《元和郡县图志》中说“考中国山河之象，求仁义险阻之情……统理万物”，就是这个用意。这或许恰好作为一个要去乡村写作的缘由。可以说，个人之于地方空间的叙述性关系，哪怕在话语生产越来越集中于城市和媒体的今天，仍有待进一步展开。

* * *

乡村需要写作吗？费孝通曾在回应“文字下乡”这一现象的时候，从乡村作为面对面的熟人社会出发，指出文字作为传情达意之工具无法完备表达的缺陷，他认为生活在乡村的人是向泥土讨生活的，安土重迁，世代黏着，别说写作，就连记忆也是多余的。除非乡村的人遭遇了时空的阻隔，或者更为复杂的，社会的乡土性在基层发生了变化，不然乡村就不需要写作。而写作似乎也不必然需要乡村，乡愁乡恋也好，残酷焦灼也好，或许只是城市话语之于现代生活的慰藉而已。那么，我们不妨问一下，如今的乡村是否遭遇了时空的阻隔呢，而社会的乡土性是否发生了变化？

一个世纪之前，鲁迅写下著名的《故乡》。那个否定又疑问的悲凉一问，引发了一种既陌生又熟悉的感触：“这不是我二十年来时时记得的故乡？我所记得的故乡全不如此。”在鲁迅的笔下，故乡“全不如此”又“本也如此”，它在一个离开又返回然后随时准备再次离开的人的模糊记忆里，形成一种现代性的震颤。如此模糊以及如此震颤，在新文学里标记了一系列乡村遭遇时空阻隔且社会的乡土性产生变化的事件。即便如此，乡村并不必然需要写作，写作也不必然需要乡村，或者说，城市比乡村更加需要写作。写作以其可疑的、微弱的、闯入的姿态，所能做的只是去尽力连接当下的生活罢了。很多时候，这种连接性仅仅因了一个写作者在那里。

* * *

“我在这儿”，对于驻村写作而言，无异于一个独白式的宣言。然而在一个比特世界万物触手可及的时代，说“我在这儿”到底在说什么呢？如果说个人之于地方空间的叙述关系，完全可在比特世界完成，甚至更多来自个人的想象，他在或者不在，又有什么分别呢？然而写作之为写作，或者说个人之为个人，恰恰是因为来自其自身内部的不可把捉，这一点正好和地方空间的潜在可能，或者说地方性的难以捉摸形成呼应。因为写作与生俱来的不确定性，这种呼应自然也存在着叙述的危险，但是就像所有的路都来自不得不迈出的、那保持前行却无路可走的一步，个人之于地方空间的叙述性关系，也值得去冒险。

与此同时，“我在这儿”的宣言既暗合了本地性，也挑战着本地性的领地意识，它激起了一场关于边界与越界的讨论。就像“方志小说”中方志与小说彼此消解边界同时又彼此越界一样，个人之于地方空间亦是如此。正如英国地理学家多琳·马西（Doreen Massey）所说，一个空间既不能严丝合缝地封闭在自己的疆域里，也不能自由自在地与其他空间毫无阻隔地连接。前者是关于空间权力的想象，后者是关于空间自由的想象，在今天全球化的时代，这两种想象都不再可能，它们不得不在一种紧张状态中进行协商。或者就像法国哲学家雅克·德里达（Jacques Derrida）在论“好客”时提及的，所有人和空间的关系，基于“我在这儿”的意义上，都处在了“经验并实验”的时刻。

“方志小说”无疑试图激发更多“经验并实验”的时刻。如同我们一再强调的：“我们希望方志小说是重视地方经验的，但不至于落入社会调查的窠臼；我们希望方志小说是重视想象构造的，但不至于落入艺术实验的怪圈。我们期待与大家一同思考地方记忆的潜在路径。”这个潜在路径其实并不抽象，更不复杂，它只不过是一次将方志写作中的真实性与小说写作中的虚构性重新定向的尝试，同时它也是一次将个人与地方空间的叙述性关系，甚至将人与非人的共在性关系重新定向的尝试。

* * *

在编辑这一期“方志小说”专题时，我特别挑选后田作为驻村个案。龙奕瑭是后田驻村的策划人和组织者，他自己在后田那边创立了艺术空间，开展了很多社区艺术实践。而黄雯青作为后田驻村作者，参与了所有活动，她的作品虚实杂糅，颇具实验意识。其他村落只是零星筛选了一些诗歌和小说，比如地扪驻村作者沈木槿的组诗，还有石仓驻村作者苏杭的虚构小说。

2018年2月在碧山工销社的驻村写作联展，由周功钊、龙奕瑭和我联合策展。艺术家刘加是我们特邀到碧山进行驻村创作的作者，他用了三天的时间，借用村民家中闲置或弃用的日常物品做了一件装置。刘加的创作，我觉得特别能说明写作之于乡村的关系，就像艺术家在作品介绍中所说，艺术作品只是打开一个临时的共同空间，这个空间并不必然有效，但是它持续生产并存在着。

在“方志小说”之外，我有意邀请了皮村文学小组加入这个专题中。张慧瑜自称“志愿者”，他参与了小组的“文化授课”，见证了皮村这些外来者的成长。郭福来和李若的文章为我们讲述了写作与他们个人以及生活经历的关系，他们的观察与思考非常细致。这些离开家乡来到北京的打工者的写作，与驻村作者离开城市到乡村去的写作，应该可以形成一种内在的、多重的对话，帮助我们进一步思考写作与地方的关系。舒飞廉的“风土记”系列散文以及苏非殊的《人应该住在山上》，并没有刻意到乡村或者为了乡村去写作，而是从最为平常的生活中来，他们写作的核心始终是生活。他们提示所有的驻村写作者，写作的任务关乎生活以及共同生活，而这样的任务，我相信也是“方志小说”永远的话题。

# 面向地方的书写行动

周功钊

小说者，街说巷语之说也。

——《隋书·经籍志》

真正的时间是一个无限系列的无法达到的最后终点。

做梦就是把所看到的一个个镜头协调起来，用它们编织一部历史或一系列的历史。

——博尔赫斯《时间与约·威·邓恩》

文学家豪尔赫·路易斯·博尔赫斯（Jorge Luis Borges，1899—1986）一直试图在他的世界里寻求一个永恒的循环，正如其最为出名的《巴别图书馆》。善于运用语言的博尔赫斯先生在他的书本和诗歌中寻找着建构的条件，虽然我们无法企及大师的高度并窥看全貌，但即便是阅读到细小

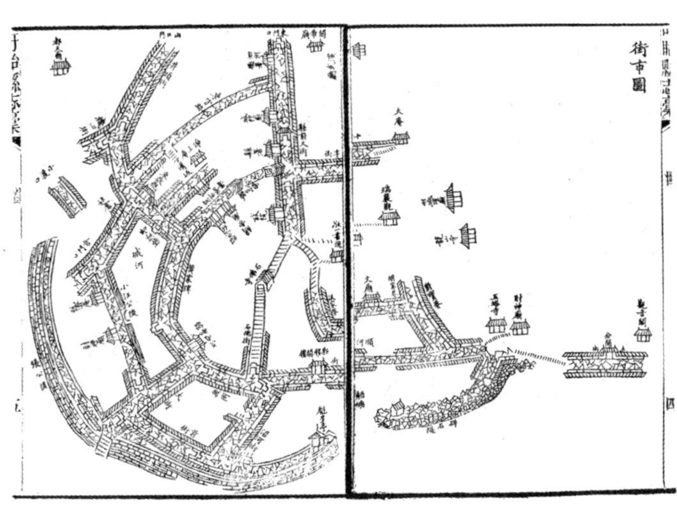


《盱眙县志稿十七卷首一卷》之『街市图』，清 王锡元等纂修 清光绪二十九年（1903）重校本

的章节，我们也会如那位叙述“一千零一夜”故事的山鲁佐德，[1]不由自主地回到这个“历史”本身，亦如罗兰·巴尔特（Roland Barthes）笔下的巴尔特，即便是处于梦境中。

这部无穷无尽的百科全书在博尔赫斯的笔下恒久留存，书写背叛着文本的静态特征，成为历史革新的决定因素。延续了千年之久的方志书写所筑立的这段长城似乎早已超出了时间的尺度。过去与当下，地方知识分子和精英们在遵照世代相传的体例之外，凭借对时间和事件的敏锐观察力和书写创造力，编织着这个关于地方知识的网。

## 金山卫的撰写者

笔者于2016年初冬，借上海双年展“51人”计划之机，在上海南郊古城镇金山卫溟楼探访至今仍在撰写地方志，并完成著作《金山卫春秋》的俞德良老先生。当日因身体的缘故，俞老没有能够参加这次讨论，但是关于其创作的背景（包括书稿曾遭盗窃）和来源的内容构想，使得讨论（对

金山卫溟楼，俞仁良老先生叙述了其家族的经历　摄影：周功钊

① 博尔赫斯在《吉诃德的部分魔术》中提到的故事，旨在表述话语中的话语所产生的叙事的循环往复。[阿根廷]博尔赫斯著，王永年等译，《探讨别集》，上海译文出版社，2015年，第71页。

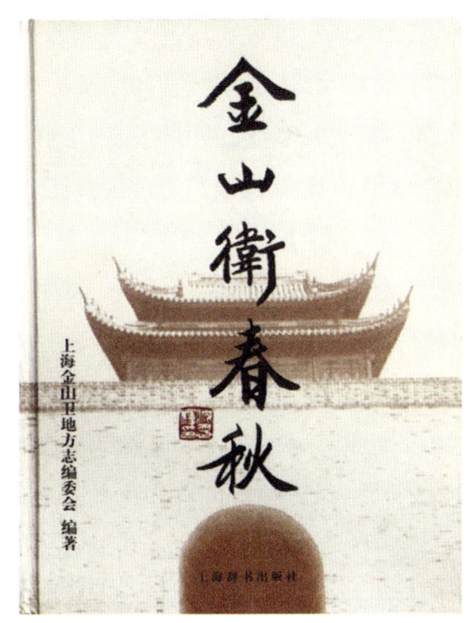


俞德良老先生著作《金山卫春秋》封面，上海金山卫地方志编委会编著，上海辞书出版社，2008年

历史感兴趣的金山卫镇本地人成了主要发言人）始终保持着寻觅往事和验证当下的活跃状态。俞德良之弟，俞仁良老先生叙述了自己家族的儒学传统和教书的经历，以及对历史事件的回忆。从一系列的内容可见，俞德良先生的方志写作隐含了一种追忆和实践的自觉。

面对城市（诸如上海、杭州）环境的历史痕迹已然快被抹平的当下，充斥着指标与模式下的在地奇观已经难以让我们从感官体验上触及历史的模样。在现实生活和昔日记忆的差异中，俞德良先生并不对与历史割裂的现状妥协，《金山卫春秋》一书的意义便在于此。从书中独特的编目形式和内容中可以发现，过去的历史已然被生动的文辞所解放，它既可像章回小说般连续叙事，亦可如散曲折子戏样独立成篇。阅读的经验已然超越具体的书本。它时而是动人的历史事件，时而又是记忆的碎片。

虽然自20世纪五六十年代开始，方志的编纂趋于科学化、体例化，但是其作为一种意识形态的文本形式还是被束之高阁。当下城市的发展速度让我们不自然地错过了在地的细微变化（它们一度因远离意识形态而被忽略）。有着几百年历史的金山卫杨家庙的迁移，或许对当地经济建设没有太大的影响，但是在金山卫镇的百姓记忆里却是翻天覆地的大事件。身处局外的我们（至少是笔者本人）很难发现或是寻觅到这样的变化，即便是参照了历史书籍的条目。事件打开了当地人的记忆，他们开始叙述那段重建庙堂的经历：立木造屋、安放祖宗的牌位、进行家族的礼拜仪式。直白的语言没有过多修饰，但是它足以让专业话语失效；彼此间交叠着的方言读音甚至超越了汉字的惯习。

以上的内容同样构成了金山卫方志书写的风格，亦如福柯笔下所引用的博尔赫斯文中的“某部中国百科全书”（《天朝仁学广览》）的编目。它超越了想象和所有可能的思想，潜入这一被相互分离开来的空间和间隙式空地中。[①]讨论中，文本、口述、追忆、辨析等成为超越传统方志编写体例的形式。这种“超文本”的逆城市化的“书写行动”——我们暂且这样称呼——让我们重新思考一些原初性话题，比如“什么是地方”“城市与乡村意味着什么”。文本作为一种独立于物理空间的书写载体，其意义或许正是在这迷茫的当下完成自己人文情怀的归巢。

## 8个地方，123个故事

英国学者沈艾娣（Henrietta Harrison）在《梦醒子》一书中记述的山西人刘大鹏（1857—1942），他的个人创作包括方志、游记、重修防洪堤的规划、地方神异集、家谱、自传、九十三首诗等，并以“梦醒子”为笔名出现在其所著方志《晋祠志》（1902—1906）中。在一篇同名的故事中，他假借梦到吕洞宾的故事来言自己从政与现实之困苦。

明代文学家冯梦龙撰写了《寿宁待志》上下卷（今藏于日本上野图书馆），并以其独特的书名（小引有云：“何待乎？曰‘一日有一日之闻见，吾以待其时；一人有一人之才识，吾以待其人’。”）、体例和叙述方式，为志书之奇。冯梦龙以官方话语无法表达的内容统合而成这一地方纪事，并自己撰写诗文描绘地方特色。如志中有“祥瑞”篇云：“余于崇祯七年甲戌八月十一日到任。次日申刻，见黄云朵朵，自西而东，良久忽成五色，最后变为红霞，生平所未睹也。余喜而赋诗，是冬果有年。附《纪云》小诗。”另有《石门隘》《戴清亭》等小诗。除此之外，明嘉靖时期的张岳用散文笔调编修《惠安县志》。还有诸如《东京梦华录》《都城纪胜》《武林旧事》等所谓的“城市笔记”。

---

① [法]米歇尔·福柯著，莫伟民译，《词与物：人文科学考古学》，上海三联书店，2002年，第4页。

晚明文人张岱（1597—1679）虽常以文学家身份被后人所尊，但其仍将史家作为自己书写生涯的标杆，这不仅与其祖父皆参与编纂《绍兴府志》（1585）有关，还包含了这位知识分子在明朝覆灭后作为遗民的一种历史关怀。在时代更替的大背景下，以及作为文学家的书写意识下，张岱的创作表现出了史志和文学边界的模糊，从其史学著作《石匮书》到笔记小说《夜航船》《陶庵梦忆》，体例、编目与书写风格都带有强烈的个人特征。

“遥想往事，忆即书之，持向佛前，一一忏悔。”[①]《陶庵梦忆》中集合了张岱在万历和崇祯年间游历各地的123个记忆片段，这些亦大亦小的故事（小品）被精巧地安放在每一个章节之中，拼凑出对于那些地方——和个人或是国家有关的8个地方（书中八卷）——的真实表达。它并非《西湖梦寻》般诗意，也并非方志一般线索鲜明，它是张岱试图逃避或是逆反当下（清朝），并仍需以方志的思维线索来编织属于他个人（或是明朝）的记忆地图。笔者姑且称其为“方志—小品”。

这种看似无序的堆积、非线性的叙事，使得所有的生活变得具体且可以接近，张岱在以文学写作为前提的书写创作中，试图建立一种鲜活的地方性想象空间和结构，而不只是成为历史记忆的匣子。宇文所安认为，正是这种“追忆”延续了历史的流动：“希望他（张岱）自己能够通过这些具体化为他的作品的回忆而被后人回忆起来。”[②]

## 方志小说

方志，一种记录地方情况的史志。《周礼·地官·诵训》有载：“掌道方志，以诏观事。”其内容充斥着各种主题，政治、法律、经济或地理，亦囊括了与特定地方相关的故事、志怪、传说。有些虽未知其所源，但一直延续并不断变化。直至今日的方志书写，仍维持和延续着地方社会的记忆，关系到每个地方的具体生活，虽然它们是片段的、片面的：实存的自然山水、古建筑、历史遗迹和虚拟的神话、故事、规约放置在同一层级。《周易·系辞上》有云：“方以类聚，物以群分。”这

① [明]张岱著，夏咸淳、程维荣校注，《陶庵梦忆》，上海古籍出版社，2001年，第3页。

② [美]宇文所安著，郑学勤译，《追忆：中国古典文学中的往事再现》，生活·读书·新知三联书店，2004年，第156页。

些并置的（被任意择取的）“物”自然地构架起了阅读者对于该地方的知识空间。

方志强调其类目的编选，这种分类作为一种结构不是为了绝对的区分，它是被选择性地建构，体现了作者的视野。这些内容提出了和地方有关的事件，并以各自的方式来组织、强化其中的现实对象。从地方志到地方性，当文字变成知识的介质，这种固定化的文化形态即变成了一种可以流动的语言。面对不同的知识或语言，以话语书写的文本，被他者进行理解和解释。在当下，书写似乎指向了一条使“传统的知识”获得普适性地位的路径，这一点仍然能够在留存于乡村的家族文本——家谱中发现。如果说“现代城市”已经抹去了方志中的府、县记忆，那么家谱却仍然能够映射出村落延续到此刻的历史面孔。

方志的编纂需要在过去文本的基础上再进行一次书写，亦称“修”。当然也会遇到近期版本或是重要部分遗失的情况，需要面对更为久远的文本或是从白纸开始。这种文本的特性强调了它的制作并不是一刻间完成。作者必须跨越一段充满外在变化的时空，对地方进行一次次归纳和记述，在之后的阅读中，迭代的读者通过方志又重新编织起对该地方的理解（包括想象）。方志作为阅读材料本身，即成为一种形而上的构想媒介——皇帝拿

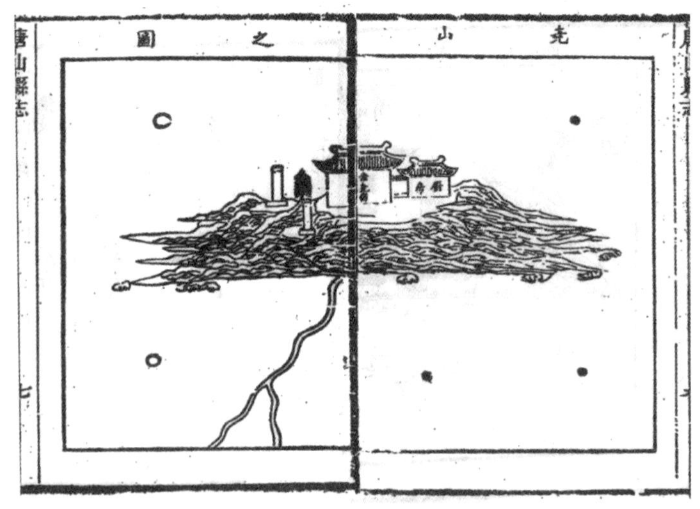


《唐山县志》之『尧山之图』，清苏玉修
清光绪七年（1881）刻本

来想象他的疆域，官员拿来塑造他所理想的邦国。它强调了个人认识地方现状及其历史后对未来的决定。正如前文提及的张岱和俞德良，方志的作者主要是儒生与知识分子，他们大脑中所能形成的空间构架与他们的生活、阅读范围有关，是他们个人抉择下的要素集合。方志书写不是纯粹的对所见之物的记录，而是有所筛选，强调对词语选用的精确性。这种精确性体现在文本承载的共同体中，体现在若干细小的不同、迭代的差异中。

小说也脱胎于方志。从方志的一些编目（志怪、传说）可见，其所记述的内容并不是完全的客观真实，有时甚至是创造出的“书写模式”——在良吏、烈女等人物事迹中常会有特定的情节模式。笔者在这里所要强调的叙事需要面对历史，甚至包含了历史的吊诡，其虚构性自然地拉开了和历史视野的距离，它甚至是一种“准历史”写作。[①]这种新视野指向了王明珂试图重新界定“历史”的文本书写观念，即人们对历史的记忆与言语、文字的表述，并以此区别于真实发生的过去（历史）。[②]张岱的笔记小说集《陶庵梦忆》，其目录结构看似错乱，甚至有些地方确实是虚构出来的，或者已经不复存在，但当我们在阅读的时候却因这些具体而又细腻的描写而淡忘了那些异常，仿佛这般的秩序也能构想出一个存在于世的“地方”，揭示了一种建构（另一个）世界的模式。

小说的妙处便是可以容纳或借用非小说的文类，开拓它们在固有知识体系内的经验。这种开放性让我们将自己身临其境般置身于地方的处境——那些我们开始质疑的现实“事实”，重新组织成地方中可以被观察和注意到的。虚构性，模糊了阅读之中寻找客观真实的意识，虚构片段在作者的手中编织成为一个没有隙缝的修补物。小说让关于地方的写作不再完全依赖于一种社会学、人类学式的求证求实，而是强调如何进行表述，如何呈现这些材料——获得一种再现（表征）方式和体验，并赋予形式，它可以是言语、文字、图片，抑或影像。

---

① 鲁晓鹏在其《从史实性到虚构性：中国叙事诗学》里提到了中国传统小说与正史之间的联系。小说既被视作一种微末的哲学话语，又是一种非官方的有缺陷的历史。

② 王明珂在著作《反思史学与史学反思》中重新审析方志素材的作用。在西方，人类学者对于认识这类“异文化”有着许多尝试，比如结构主义活动。诸如乔治·马库斯、列维-斯特劳斯等，他们重新批判过去的田野考察和民族志书写。

正如霍香结在《地方性知识》选择“汤错”这个无历史村落（实体）进行的“人类学小说”写作，是因为他相信只要是存在都会有它自己的历史，它同样经历时间和我们愿意看到的一切，它涵盖了一个如博尔赫斯所说的、如百科全书般的无尽可能性系统。

“方志小说”的书写行动强调了对特定地方的一种经历和诊脉、一种形式探索、一种书写实验。地域内部的跨领域交融，有别于历史宏大叙事的坚实力量，它杂糅了地方切实的、民间的和非正统的知识和叙述，以及当代意义上的虚构的想象性创作。这种创作落实到文学的实践和反思，有如一个地方的织体结构、一个世界观的建构。织体的比喻即是强调了书写活动的弹性状态，它没有绝对的终点，没有大小之分，没有规范与不规范的界定，平行与错杂、明确与虚幻时时并存。

## 文本的意味

台湾学者王明珂曾在其著作《反思史学与史学反思》中提到过一部由19世纪英国作家鲁德亚德·吉卜林（Rudyard Kipling）所著的小说《国王迷》（*The Man Who Would Be King*），讲的是19世纪时两个英国探险者的故事，他们结伴前往印度、阿富汗边境，企图在那儿建立一个由他们统治的国家。他们几乎成功了，但其中一人在即将成为本地神王之时，其伪装的神性被当地人揭穿而遭杀害。这个小说带来的启示是，基于某种历史书写的文本结构是和人们当时的情境密切相关的，它甚至让人难以识别是“历史”还是“神话传说”。文本描述情境，情境构成了写作的前提。王明珂强调了两者之间的具体和清晰的联系：“社会记忆、历史记忆或其他社会文化表征，若能化为或被视为有结构与符号的‘文本’，我们较容易对其进行社会情境（本相）分析。”[①]这种文本即是一种创造性实践，它不同于历史事实的一点在于采用何种方式来讲述。

霍香结的著作《地方性知识》代表了一种“微观地域性”写作。写作者并非要神化或提升他的写作对象，相反，他是在模仿对上苍秩序的忠实性中逐渐坠落和浊

① 王明珂著，《反思史学与史学反思》，上海人民出版社，2016年，第146页。

约翰·休斯顿编导的电影《国王迷》（1975）剧照

化。[①] 他强调了地方性经验的知识体系，并把这些来自村落的、值得被探索的内容纳入了他所谓的地方志的编纂中。

法国人类学家列维-斯特劳斯（Levi-Strauss，1908—2009）用俄国语言学家罗曼·雅各布森（Roman Jakobson，1896—1982）的理论创建了结构主义（Structuralism）下的人类学书写方式，他利用其万花筒般“具体性思维”的真实类比，来面对其所探访的诸多原始部落的文化现象。所以，阅读列维-斯特劳斯的皇皇巨著《忧郁的热带》（*Tristes Tropiques*，1955）似乎更需要用一种文学性的方法，它呈现了存在于同一层面的、同时出现的、矛盾的（相互冲突的）地方空间，他甚至将此类比方式对应到那时的城市主题中。

罗兰·巴尔特所著的一部小册子《符号帝国》（*The Empire of Signs*）中所记叙的有关日本的内容，并非停留在语言材料和文化典籍中，而是散落在巴尔特所列举的各种有关日常生活的具体的事物中。正如其语言符号学（semiotics）的分析方法，将试图分析的社会文化现象（包括习惯、礼仪或神话）视为一种文本。这种“结构”甚至不能主动帮助我们形成对象（日本）的整体概念，却使得某种（来自主体的）“异”文化的读解成为可能（我们无时不会遭遇这种异样），即一

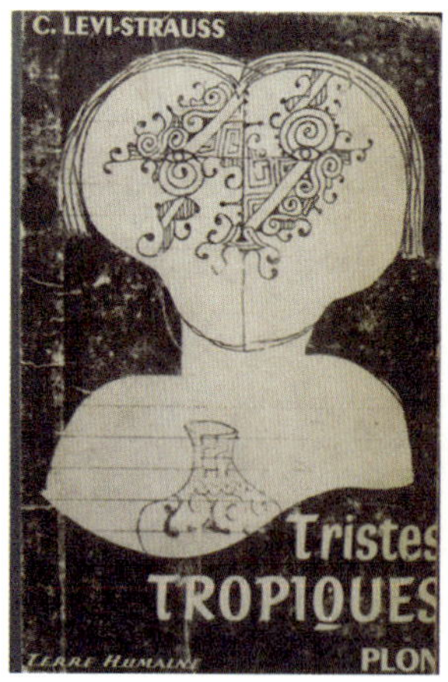


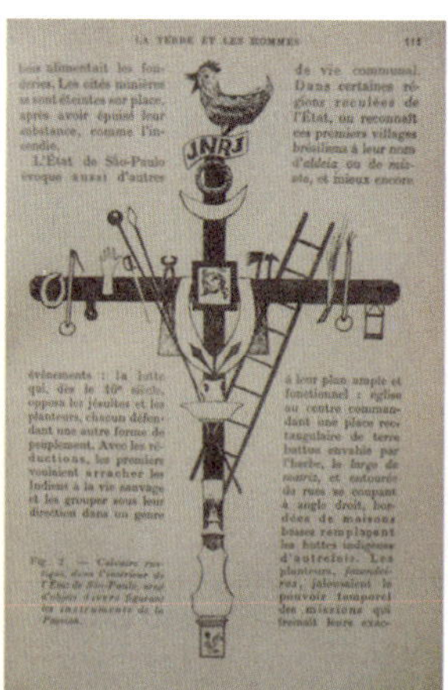
LA TERRE ET LES HOMMES 111

lors alimentait les fonderies. Les cités minières se sont éteintes sur place, après avoir épuisé leur substance, comme l'incendie.

L'État de São-Paulo évoque aussi d'autres

de vie communal. Dans certaines régions reculées de l'État, on reconnaît ces premiers villages brésiliens à leur nom d'*aldeia* ou de *missão*, et mieux encore

JNRJ

événements : la lutte qui, dès le 16e siècle, opposa les jésuites et les planteurs, chacun défendant une autre forme de peuplement. Avec les réductions, les premiers voulaient arracher les Indiens à la vie sauvage et les grouper sous leur direction dans un genre

Fig. 7 — *Calvaire rustique, dans l'intérieur de l'État de São-Paulo, orné d'objets divers figurant les instruments de la Passion.*

à leur plan ample et fonctionnel : église au centre commandant une place rectangulaire de terre battue envahie par l'herbe, le *largo da matriz*, et entourée de rues se coupant à angle droit, bordées de maisons basses remplaçant les huttes indigènes d'autrefois. Les planteurs, *fazendeiros*, jalousaient le pouvoir temporel des missions qui freinait leurs exac-

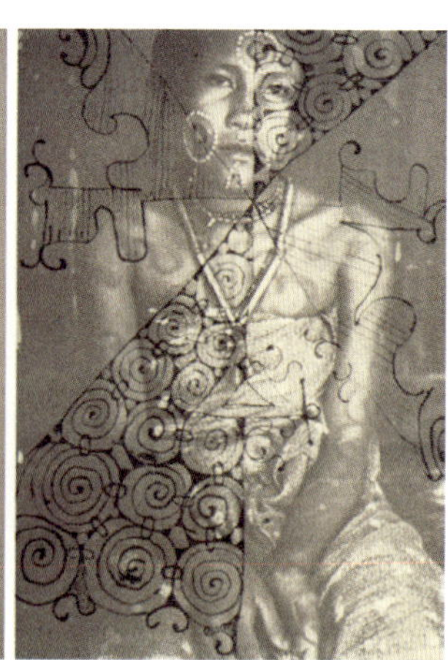

列维-斯特劳斯著作《忧郁的热带》法语版封面及插图

① 霍香结著，《地方性知识》，新世界出版社，2010年，凡例第1页。

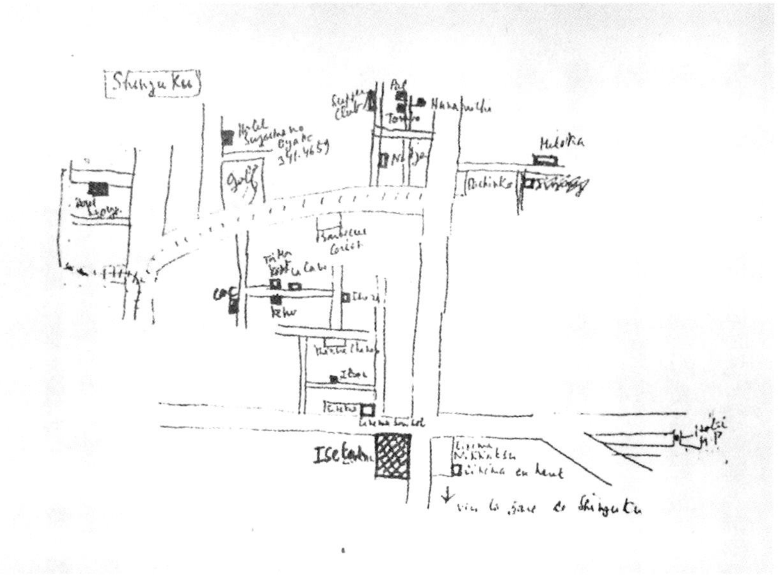


罗兰·巴尔特手绘的东京街市图，《符号帝国》，罗兰·巴尔特著，江灏译，麦田出版社，2014年

种可读的意义。小说不是认识研究的对象，而只是认识某种与自己有关的东西。

书写以一种潜在的法则性结构（笔法和图式）将个人的经验片段性地“拼装”起来，空间在图式分辨的过程中得以出现。我们可以从刊印在安徽岩田族谱中的“十景图册”中看到与地理学解释类似的空间叙说在手卷和册页间的转换——异时同图，使得家族历史的书写共享着相似的方式。“十景”的构成让原本并不具备明显特征的场景产生了地方意义的判断，除了绘画性的表达，它更像是一种记忆方式，即希望自己及后人能够让这些具体化的图景成为他的作品的回忆而被后人回忆起来。

这里的回忆并不只是一种单纯的“思乡”，它并不寄希望于复原过去。从安徽歙县张氏家族所编纂的《张氏家谱》中可以看到，家谱的编写和方志类似，它试图构建一个世系脉络，“文献有不可得而尽志者，于乎是何？考其迁徙之的，世系之详，而同归于一本哉。统谱今以自尹城，自鲁国，自曲沃，自陈留，而再襄国，再吴郡，再金华之迁泒，参考《方舆胜览》《禹贡九州》《皇明大一统志》诸图书，列于图而志之，譬之。江河之行

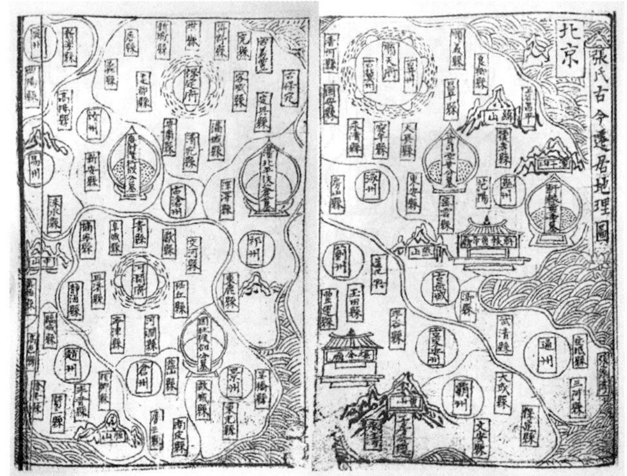

《张氏统宗世谱》中『张氏古今迁居地理图』（部分），张宪编修，嘉靖末年刻本

地，脉络贯通。但观谱者，知某邑，古今属某郡某人，古今迁某处，因地以著姓，缘族以笃亲，未必不由是，图而启其统宗之思也欤。”[①]其中所附“张氏迁居图”，更是借鉴了方志中“疆域图”的地理一统绘制方式，将张氏家族历代所遍及的地方，一并叠加绘制在了一套图中。它借鉴了方志图和家谱阳宅图的画法，安排各个地方的位置，并用新的路径将它们串联起来。它并非用作当下参照地理信息的地图，更像是一个重叠了时间和空间的全新疆域。

景军教授在著作《神堂记忆》中写道，族谱和地方志作为本地精英的创作，包含了对历史的解释需求，因为记忆是内化的历史。从这里引出的记忆，在古希腊、古罗马就已经被诗人利用（宗教）故事所强化，并给予空间化（教堂）。即使在这些建筑物不存在的时候，也可以被迅速想起。笔者并非强调记忆的客观价值，而是记忆重建带来的创造性。文本的书写并非（人际、事物间）关系的现实，它保留了栩栩如生的形象以及意义，并（轻易训练成为记忆）刻印在头脑中。其中充斥着某些关键性和启发性的记录，但是并不能看到全貌（一如明清文人将小品文作为

① 明嘉靖刻《张氏统宗世谱》，收在《中国珍稀家谱丛刊·明代家谱》，凤凰出版社，2013年。

杭州富阳何家坞《何氏宗谱》中描绘迁居之前的『沙溪村图』，清光绪刻本 摄影：周功钊

折子戏的比喻），在过去，这些文本甚至不被别人所知。

## 再造书写的实验

朱晓阳在2011年与诗人于坚创作完成了影像作品《故乡》，从老百姓的生活切入，从殡葬仪式、日常农耕、文化娱乐、换届选举等角度，讲述了昆明市官渡区宏仁村的传统与现实。在著作《小村故事》中，朱晓阳对滇池东岸的一个村庄的地志进行调查和研究，从土地、水和家宅，来看待“发展”对于地方空间的争夺和重构。一如作者在书名中所用的“故事”一词，他借用了“地志学”的转向将地理、居住、政治性边界、法律现实、过去历史的踪迹、地方、名字等包容进特定空间的综合知识。[①]它是在恒久的“形式”与易变的“质料”相互作用的格局下讨论景观，这些景观伴随着确切的事件（重建民间宗教庙宇）而生，暗示了一个借用故事重新唤起地方性的方式。

个人在社会中的处境，产生了与地方的联结。单一历史时刻已经不复存

① 朱晓阳著，《小村故事：地志与家园（2003—2009）》，北京大学出版社，2011年，第3页。

朱晓阳电影《故乡》（2011）拍摄现场

在，“民族”不再能够被简单地视为唯一的历史主义标签，“现代性”的问题必须在更加复杂和多样的语境下加以检视。香港作家董启章所著《地图集》正是挑战了这种历史主义的话语。从《新安县志》[①]中文字记叙与方志图的阅读，再到有关香港的在地考察，作者以其“未来的考古学”方式让历史和文本中的“香港”回到个人的心理地图中，（历史）证据与假设互为表里，史实和想象互为增益。“它把未来当成已然的事实，把过去变成未发生的可能。在期待和怀想的双重运动中成为潜藏着无限可能性的经验世界。”[②]

历史性的宏大叙事已经无法跟上现实中事无巨细的变化速度，短时间里观察社会属性的方式也并不适合探究所谓的历史本源。书写的意义在于捕获我们能够直观的事件，它们是运动着的，也是时间性的。当我们重新阅读历史文本以及历史境况时，地方的形态或许更接近于区域观念的定位或投射。我们承认并强调它的不确定性（它来自被创造行为本身），把历史问题引到书写问题。方志小说的创作延续着修志、修谱的潜在功能，创造原本不存在的群体或巩固原来松散的组织，甚至让我们

① 《新安县志》现有两种，分别在康熙年间和嘉庆年间编订。新安指的是广东新安县，即今天的深圳及香港。

② 董启章著，《地图集》，联经出版事业股份有限公司，2017年，第7页。

看到那些不为人所知的内容，重新认知这个古老又延续着的文化结构。

吴亮的《没有名字的城市》借用了巴尔特式的语词，拆解了城市固有的整体结构，它也指向了伊塔洛·卡尔维诺（Italo Calvino）《看不见的城市》中马可·波罗与忽必烈汗的对话片段，一些早已写就的、之前经历过的，甚至是不存在的片段。文本的意义在于我们可以回到地方社会中客观存在的、可被观察、独立于主观外的制度、组织、习俗等现象，不断地填写，或者弥补其中的空缺。正如法国思想家米歇尔·德塞都（Michel de Certeau）所言："阅读是一个地方经过实践而被创造出来的空间，而地方由符号系统——叙事所构成。"①

建筑师彼得·卒姆托（Peter Zumthor）在谈论其位于布拉格湖港边的布雷根茨美术馆（Kunsthaus Bregenz）时，提到了其作品中的"氛围"（atmosphere）特质，他从当地吸纳的不仅有真实的生活气息与地理环境，还有更深厚的文化传统与复杂含混的生活体验。它通过建筑记录并唤醒人们对这个浑浊不清的、不可捉摸的混合体的感知。

艺术活动面对着这些我们已知或是未知的领域，那些看似异常和陌生的内容引起我们的想象，挑战着我们的好奇心和勇气，去面对和接触它们。也正是这种距离产生了我们的行动。

艺术家塔可为了寻访《诗经》中出现的山川、河流、残垣，创作了摄影作品《诗山河考》，他利用摄影表现出来的稳定性和图像观感，来重新诠释"诗"的文学意义。成为图像叙事的摄影，背后是作者身体的地理空间实践，他把对于《诗经》的理解转化成了从文本到具体场所的类比。

2016年5月28日至8月14日，由郑慧华、谢丰嵘策划，名为"告诉我一个故事：地方性与叙事"的展览在上海外滩美术馆举行。它以"从想象地理展开""重访、想象、建构历史""地方的能动性与新叙事"为主线，分享了11个亚洲地区。艺术家们立足于"现实"与"虚构"间的"高

① [法]马克·欧杰著，陈文瑶译，《非地方：超现代性人类学导论》，田园城市，2017年，第91页。

卒姆托建筑作品布雷根茨美术馆内景，摄影：Matthias Weissengruber
© Kunsthaus Bregenz

《诗山河考》（部分）
摄影：塔可

原”，分析了各地不同文化背景背后的历史命运。展览中来自香港的双人团体MAP Office的创作，以“虚幻”和“现实”之间的观念性“想象地理”为出发点，为未来的香港岛构建了一幅带有魔幻色彩的蓝图。他们针对生态、经济模式、生活形态等各方面做出了关于未来的预言。

## 尾声

建筑师雷姆·库哈斯（Rem Koolhaas）在20世纪80年代便意识到了美国正在经历的文化变革，那时的规划师们热衷于撰写新城市主义运动的纲领，来引导美国社区规划。从乡村到郊区，历史的土地已然成为城市主义社区的规划实验地，这使得“乡愁”成了一个特别紧要的领域。台湾建筑师黄声远将其对于宜兰的“乡愁”转化为地方的社区空间营造，那些村落地方上的新标志物成了故事的开始，正如其建筑所呈现的未完结状态，它们“没有起点，也没有终点，每一个建筑都好像一段乐章飘在街巷里期盼下一段的到来”。[①]其工作室“田中央工作群”在2017年出版了《在田中央》一书，这本被黄声远戏称为“侦探小说”的故事集将工作群几年村落项目

① 许知远主编，《东方历史评论（第2辑）：金山、南洋与离散中国》，广西师范大学出版社，2013年，第98页。

的实践、构想以及地方体验者的生活组合成了一个多样化的乌托邦图景。

让-弗朗西斯·利奥塔（Jean-Francois Lyotard）曾说过，书写面对着小叙事，它一直是想象性创造的经典形式。语言是一种实践或是一种手段，其不确定性表现在：在何种程度上、以何种方式想象性地进行创作。它把具体的环境作为文学的对象（山川和空间不是凭空而来的），它以内容和形式的互动为方式，从文本中“读出”形式的“意识形态”效果，又必须将簇拥着文学的社会历史因素“读入”文本之中。[①] 传统知识分子以诗歌、绘画等艺术形式，借用了其自身的特权性话语来表达对地方的态度，试图将之化为某种地方话语。借用斯塔罗宾斯基（Starobinski）关于波德莱尔（Baudelaire）的论述：艺术的现代性保存了一地所有的时间性，那些固着在空间与言语里的时间性。[②] 它以

MAP Office（古儒郎、林海华）装置作品《新香港岛屿》，图片来自上海外滩美术馆

① 罗岗著，《想象城市的方式》，江苏人民出版社，2006年，第88页。

②《新安县志》，第84页。

导演彼得·威尔作品，电影《楚门的世界》（1998）剧照

一种非当地人（旅人）①的观察——接近于一种“快照”——获得实践中的瞬时稳定，即创造形式。

方志小说正在延续着的书写活动，都将众多交互影响的因素列入考量，创作和实践所提供的对社会现实的新知，让人们对于自身在社会中的处境，以及当前社会情境、本相有了彻底的了解，尽管这些因素无法任意被区分为“传统”或“现代”。历史与当下的矛盾和现实情境，成为我们阅读必然面对的选择。我们将视角聚焦在变革中的村落、那些已经或正在从传统的地理景观转向当下的社会景观。面向地方的书写行动，试图建立一种关于景观的认知与书写创作间的相互解释，它是“地方”语言与“分析”语言的杂糅。但是，我们并不是完全意义上的解释者，并不需要获得“真相”。写作者自己对地方中的事物进行边界界定。每个人的解释都将参与到整个体系的建构中，它是一个永远开放的现实过程，一个无限延伸的世界。

① 在欧杰的“非地方”概念里，旅行在观看与风景之间建立起一个虚构的关系。旅人的空间可以说是非地方的原型。《新安县志》，第93页。

# 后田。行进中的一场地方「肖陶扩」

龙奕瑭

回程的舢板卷起海浪，一行人渐渐重新归于平静。这是“方志小说”驻村计划的倒数第二天，这艘刚刚还满载着出海欢愉的小船似乎也要与我们分别了。众人站在船头，温和的海风拂过每个人的皮肤，扫荡在遮阳的顶棚，那日光下的风和船底的水花卷在了一起，让这正午清凉了些许。一艘渔船此时向我们驶来，它遮挡了我们远眺的视野，同时也放缓了回程的复杂心情；渔人夫妇黝黑的面庞，笑着，招呼着，欣喜着这一日的劳作。我们都被那份喜悦感染，竟忘记了一路的疲乏。

当我们与来船会面后，再次抬头远眺时，刚刚还只是一个小点的村落，此时已经能看到那棵大榕树了。

那是我们出发的地方，也是这次短暂旅途的终点——后田。

后田，是一个地处厦门岛外的普通渔村，它的历史记载稀少得甚至在《同安县志》中也只是一笔带过。仅从村落老人的口述中对这里的过往略探一二：西河林氏先祖因战乱从遥远的中原迁徙到这里，在滨海垦殖开基，农渔兼作，延续至今几百余年间，生生不息。

然而，随着城市的扩张、现代生活的变更以及老人们的离去，整个村落的农业和渔业生产几近凋零。与此同时，聚落的空间形态似乎也变成了一棵中空的老树。由内及外，最中心是老村，往外的第二层是一圈麻石砌起来的两层小楼，第三层是90年代最流行的烟盒楼房，第四层则是近10年内新兴的商品住宅小区。

最中心的那片超过50年的建筑群落，在闽南被称为“厝”，土墙红顶的古厝到如今几乎无人居住，遗留下的海蛎小路鲜有行人。

尽管如此，这个村落的社区精神却因相对完整的氏族留存而若隐若现地被保留在居民的日常生活之中，社树、戏台、家祠这样的公共场所偶有集会，诸如榕树下、古井旁的喝茶话仙，传统节日时戏班的连日演出，傍晚祠堂空地的舞蹈操练，还有那些乔迁新居的村民，逢周末便会相约返回祖屋打扫和祭祀。

显然，这番景象在第四层那些新兴的垂直住宅楼中难以出现，原子化的家庭观让居住在其中的人们紧闭防盗门、拉闭窗帘。他们习惯于在朋友圈分享“旅行青蛙”的人生，同时又渴望着每年定期的出国旅游。他们似乎忘记了身边的人与物，忘记了除了家和远方之外还有一种社区和邻里的存在。

## 作为可能的聚会地

后田，这样一个原本处于郊区的自给自足的村落具有着某种普遍性，交通的日趋便利一方面使青壮年得以外出务工而逐渐摆脱贫穷，另一方面，人力的流失又使原始的生产结构被打破。随着近些年媒体的推动，乡村旅游似乎成为乡村发展的重要方向。然而，游客的行为只是临时的，他们不参与公共领域的讨论，也不参与当地的历史，而是以一种消遣的方式对待乡村，而乡村最终也在与都市的对话中渐渐失语。

消遣的行为本身如何能够具有生产性？新的生产性的出现是否能够催生出一种新型的“熟人社会”关系？乡村又是否能够在这种新关系中重新萌芽出生产空间和生活空间的重叠？

在小说《禅与摩托车维修艺术》里，作者罗伯特·M.波西格反复提及一个自发的社区式活动——“肖陶扩”。肖陶扩（Chautauqua，又译学托扩）是19世纪末、20世纪初在美国非常流行的成人教育运动，同时也指社区集会教育形式。在20世纪20年代中期以前，肖陶扩在美国农业地区广为传播，并为社区提供娱乐与文化教育，参与者包括了当时的演说家、教师、音乐家、艺人、牧师、市民和其他各方面的专家。

后田的居民 摄影：杨剑雄

显然，肖陶扩式集会是一种社群从居住聚合向互动共同体的转变。虽然这一运动在20世纪20年代便随着广播、电视、电影等现代娱乐的崛起而逐渐消亡，但随着时间的推移，当新技术又一次似乎要取代旧媒体的时候，人们对于体验式经济的需求再次被激发。

一部分人开始不再满足于城市的同质化生活，他们对共同生活产生了新的兴趣。于是，一群艺术家和手工艺者来到后田，深入这个处于厦门城市边缘的地方，在工作的同时过一种城市之外的生活，他们与城市若即若离，他们希望在这里找到某种能够贴近“真实”生活的场所，成为一群“新村民”。

## 驻村：三幅关于地方的图景

开放式的院落、随意的巷弄，每日饭后茶余聚集在井边、院外，谈天说地，这样的生活聚居构成了一个颇有些情感色彩的“地方”——这不只是一个空间维度，也是一个有着时间和历史维度的日常生活剧场。

新农村建设中的公共空间往往还是按城市规划的思路进行，许多时候过于追求短平快，因而并未吃透特定地域积淀的文化，即该地存在的独特价值，诸如大广场、花圃，都是以一种单纯的“外来”的景观空间方式存在，而忽视了在地的场所性（如果规划者缺乏对地域的深入参与，这种外来的痕迹会更加明显与突兀）。空间和场所两者的区别在于是否拥有人的存在、人之间互动的存在、人之间情感交流的存在。必要性活动、自发性活动、社会性活动的生成能够使得空间获得及具备场所精神①，从而实现空间到场所的转化。

在建筑界，对场所有着类似的解释：如果特定的秩序（景观、构筑等物理结构）是外在的知觉，现象和经验则是内在的知觉，那么在一个构筑上外在知觉和内在知觉达到高度融合的状态时，就产生了高于前两者的第三种存在，即所谓的场所。②

那么，在何种情况下，人的情感和空间能够实现真实、单纯的糅合与融合呢？

从场所的产生可以看出，形成场所的两个要素是空间和活动。场所集合了空间本身和发生在空间的活动（即人事）而成为承担空间发展和人事衍生的唯一平台。这两者中，空间因人事而变，所以在一定程度上，我们对于场所精神的一些研究和探索首先必须基于场所中发生的人、事，也就是“事件”或者“故事”，而在这个探索人、事的过程中，如何去调动场所中人的自发性活动，是探索当今整个乡村日趋空间化的切入点。

### 流动的戏台：从歌队开始，宴席结束

室外的阡陌场所之于村落，就像血管经络之于身体。村落借助巷道，既展开了它的逻辑，也展开了它的日常想象。同时，这些场所承受了乡人的纷杂和喜乐，承受了茶余饭后的小道消息，承受了红白喜事的哭和笑，承受了匆忙的货郎、漫步的农人、等待的女人以及每村必有的一个“疯人”和他（她）的生活。这里大概是一个没有沉默的日常剧场，永不落幕。

① 挪威学者诺伯舒兹系统地提出了两种场所精神：定向感（或导向感）和认同感。前者是指人所具有的辨识空间的能力，后者是指对这样场所的认同感与安全感。也有学者认为，场所精神是根植于场地自然特征之上的，对其包含及可能包含的人文思想和情感的提取和注入，是一个时间与空间、人与自然、现世与历史纠缠在一起的，留有人的思想、感情烙印的“心理化地图”。

② [美]斯蒂文·霍尔著，屈泊静译，《斯蒂文·霍尔：用建筑诉说》，电子工业出版社，2012年。

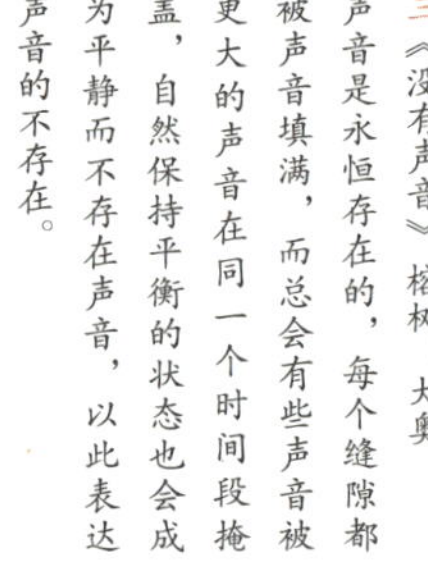
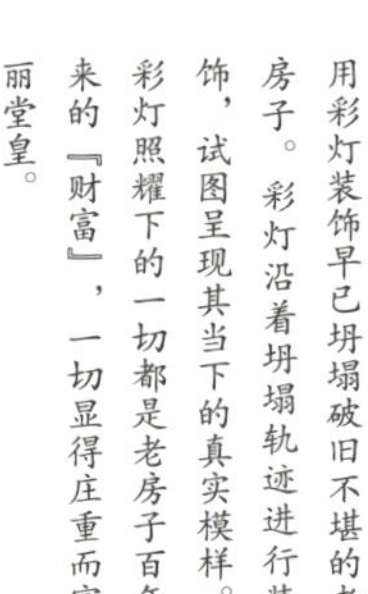

四《景观工程》老屋：林宝春
用彩灯装饰早已坍塌破旧不堪的老房子。彩灯沿着坍塌轨迹进行装饰，试图呈现其当下的真实模样。彩灯照耀下的一切都是老房子百年来的『财富』，一切显得庄重而富丽堂皇。

三《没有声音》榕树：大奥
声音是永恒存在的，每个缝隙都被声音填满，而总会有些声音被更大的声音在同一个时间段掩盖，自然保持平衡的状态也会成为平静而不存在声音，以此表达声音的不存在。

二《游戏制造》沙地：张娜松
『跳房子』是一项当地人熟知的童趣游戏。游戏以协商式开始，观看者进入『搅局』，原本的规则、秩序被破坏殆尽。不断被制造的游戏，激发更多的开始，变成了没有胜负的结局。

一《迎哦啊神》村口：陈淦新
作者杜撰了一个神，『哦啊』即为闽南语海蛎的直译。以当地迎神的风俗和节庆的模式置换内容，在这个神的节日上一片歌舞升平，热闹非凡，露天市场下的江湖骗子们蠢蠢欲动，随之开市。

九《最后的晚餐》废墟：伍时雄
在废墟之中再现以往的一处场景，现场已然改变，盛宴依旧。最后的晚餐之中，机械声轰鸣，建筑随之坍塌，观看者的热情被不断挑起，就像一切就应该被覆灭。这是一场庆典，一切都应该重新被建立。

八《白日焰火》人群：陈旻
火花，先是在手边猛地迸发出来，似乎有些让人措手不及；火花被碰触，迅速地被传递了出去；火花在众多的手边延续着它的绽放，一个接一个。

七《汴水流》断壁：吴曦煌
汴水流，泗水流，流到瓜州古渡头。吴山点点愁。思悠悠，恨悠悠，恨到归时方始休。月明人倚楼。

六《菲尼克斯》铲车：陈德铭
粉红色是一个被砖厂遗忘的颜色，就像大漠中的一朵鲜花，难以存在。艺术家穿上在砖厂周边购买的粉红色口罩和雨衣，以现场表演的方式将铲车染成粉红色，这出『巫术』最终将铲车导向『重生』。

五《3》砖厂：孔德林
3点+3小时+3000块砖，装卸成品砖从窑点到运砖车再摞上砖墙，窑洞窄小、出入有难度。体力活比废话有用！

左页《露天市场的江湖骗子》剧场项目，摄影：舒柏甘

在2017年10月到2018年4月间，后田举办了标题为《露天市场的江湖骗子》的三场关于村落不同场所的剧场项目，分别选取了村落的巷道和沙坪、村集体产业的砖厂和海边的避风坞。在这些公共场所中的表演使人从熟悉的语境里挣脱出来，并甩掉了庸常的制度和规范。人在这里行走是匿名的，是一个没有背景身份而纯视觉的"人的存在"；同时，这里又是一个感性场所，由人的身体性情感表达发声，而其释放的特性使得它又是反空间的场所。当然，这些户外的公共场所并未能塑造人，而是让人群作为参与者去主动上演。整个过程，身体被观看、被审视但又只存在于表面。所以说巷道包含了最大限度的公共和隐秘。这样的互动过程使得艺术与普通人的生活边界变得"模糊"，具体的"艺术"位于生活之中，甚至溶解成"现实生活"。

闲谈的场所：社树古井，泡茶话仙

闽南的传统社会是以宗族血缘为纽带，所以每个村落的大姓氏一定会共同建造一所祠堂，它以议事的形式作为一个严肃的公共空间成为整个村落的"权力中心"。与严肃祠堂相反，乡村"闲暇"一定不是固定在单一的具体空间，而是不断发生在村民随时的驻足交谈间，诸如在社树下、水井旁、戏台边、户外集市里的无意相遇。是否也正是因为这类乡村"闲暇"发生的场所形态，以及这样不断反复的交流过程，最终使得除了打招呼外，还生成了一个由交际动态过程导致的社会关系网络？

后田通常每月在戏台都有一场公开放映活动，但是，村民大都只是搬来椅子看完作罢，并不会有太多的闲聊。我们选择在榕树头这个曾经最热闹、如今却颇为冷清的地方，举办了一场《随风而逝》的观影会，并邀请村民、路人、本地的杂志人和艺术家一起坐下来喝茶聊天。整个活动被记录和集体讨论，所有的人都聊了聊自己家乡的村庄，聊了聊电影中那些几千公里外人们的生活。

《随风而逝》是伊朗导演阿巴斯于1999年拍摄的一部描绘伊朗乡村的电影，它将故事插入一个极其普通的村落，并极其写实地描绘了这个村庄中人与物的面貌。关于拍摄的过程，阿巴斯后来在回应《电影手册》的访谈时说道："在到达莱赫村（拍摄电影的地方）之后，我发现它跟别的村庄不一样。在那里，村民们改变了我这部影片的总体构思和已经形成的主题思想。很明显，我曾经试图将我的观点强加给事物，后来发现应该适应现实。"

城中村的天台侃神
摄影：舒柏廿

阿巴斯和他的镜头几乎隐匿进了那个村落的日常，如同一个村民的目光，一扫而过那农妇、那牛羊、那黄土、那高冈上的独树以及那个略显蹩脚的外乡人。而在观众慢慢观察和熟悉这个陌生山村的过程中，现实和诗意实现了某种意义上的融合，所有人都只需去观察、聆听、感知和体验。

### 货郎的消息：艺术家，远方来的人

作为经验的现场，乡村似乎注定只能是一个被表达、被显影的方域。面对这个空心的地方，一切表达的权利与技艺无不构成乡村经验的现场。

乡村如今已经被置入一场表达的丰腴与经验的贫乏的对峙当中。

宋代画家李嵩的风俗画《货郎图》，描绘了一个外来的卖货人挑着各类玩物、珍奇进村售卖，从而被儿童争相追随的现场。无论是村里人对外面的渴望，需要通过异地的风情、物件来实现，还是这些新鲜玩意儿能够给他们的生活多些乐子，抑或是货郎会讲述各种奇闻趣事，这都比书本更有趣。无疑，这不只是一个“生意”，更是一个村民与外界交流的载体：货郎对于一个地方是有益的——这个远方来的人似乎让村子的生活变得不再单调而有了生气。

2017年7月至8月，“方志小说”项目组发起联合驻村写作计划，三位创作者来到后田，开展为期一周的在地创作，写作者以乡土为“经验的现场”，将地方经验的记述与行动并置，相互沟通、彼此互参，寻求重塑乡村这一“经验的现场”的潜在路径。

## 重新认识、挖掘和联结“村落”、“当地居民”和“自我”

### 一个展览

在旧有观念依然盛行的闽南村，年轻人大都外出务工赚钱。作为外来者的驻村艺术家林桂明偶然发现一位独居的阿嬷，她经常脱去上衣，赤身在自家门前休息、煮饭，只有一只猫与之相伴。这让艺术家一下子想到了今村昌平的电影《楢山节考》。在电影里，贫乏的资源环境导致村里的老人在70岁之后就被遗弃在楢山等死，而主角阿玲婆在安排小儿子体验性爱后，便遵循旧规催促大儿子带她去楢山终老。有诸多的评论批评电影中弃老的现象，但在另外一个层面，“楢山节”看起来是个体死亡的仪式，其

《不穿衣的猫》，艺术家林桂明个人项目，404 Not Found Lab 摄影：舒柏廿

实也是人类牺牲个体保全集体的一种方式，而阿玲婆以一种“向生”性去面对死亡是否也让人动容呢？

展览《不穿衣的猫》实际上是艺术家真正进村子生活之后的感想，当与赤裸裸的现实真切照面时，他不得不去猜想——在村落里，更多的独身老人是如何面对生命的即将终结。他的发问最终也没能得到一个确切的答案，且只能在一种模糊事实的假想中为生活蒙一层艺术的面纱。这是一场关于现实的隐喻，在充满矛盾与漏洞的故事里，经历者有了对于自我、社群的关照。展览揣拟了“所有的到最后都显得无能为力”“永恒的浪”“关于不穿衣的原因猜测”“扯淡在生命中的重量是（？）”“完成生命中的大和谐”五个部分，呈现在404 Not Found Lab的五个房间中。

### 作为参与对话的社区行走

空间美学家德·塞尔托（de Certeau）提出了“城市行走”（walking in the city）的概念，并将城市看作一个文本，步行作为对这个文本主动而又精微的语法考究。

乡村同样如此，也存在着一个含混着方志和野史的文本等待挖掘，写作者

驻村过程中的社区行走

摄影：龙奕瑭

从最初的个人行动到有趣的口述交谈，再到以一种小组的方式进行讨论。这一系列体察和对话活动，以多人多方式的表达同时进行，并刺激着整个过程的互动；这样的行走，形式是多种多样的，并透过“游戏”“身体”“事件化”的方式，对“社区”与“当地居民”以及每个“自我”实现了一次自我的观照和对“他者”的重新认识、挖掘和联结。透过真、伪历史及对乡村的“环境切片”、真实事件的交织，形成一个文化现象的视觉考古方法，对整个环境及视觉体制做一种呈现与思考。

### 烧金桶和屋顶的夜炉烧

在信仰氛围浓厚的后田，每月十五的香日，宗祠前都会支起数个熊熊燃烧的烧金桶，村民则会在自家门前支起炉烧铁桶。在听闻当地烧金桶“拜天公”的习俗之后，“不土”陶室在自家屋顶计划做一场“夜炉烧”的聚会活动，他们将烤鸭炉改制成低温烧陶的铁桶窑炉。“夜炉烧”源于一种原始陶器的烧制方法，将陶胚置入内里燃烧，产生的高温气体将氧化反应中的自然肌理定固在陶器表面，使得冷却后的作品拥有无法复制的独特火纹。

而连续几日四处走访的写作者难得一夜休憩，在清爽的海风中，在歌舞欢乐中，忘记了连日的辛苦和炎热。直到午夜，先是拜窑神，然后入

「不土」陶瓷工作室天台的夜炉烧
摄影：舒柏廿

窑，最后点起大火，此岸的炉火与彼岸的灯火遥相呼应。

不知是因为夜深人静的掩护，还是偷换概念的“入乡随俗”，这次烧火终与村民相安无事。

## 刺船而去！从避风坞出发

避风坞，曾是后田村民小规模渔业的停船港口和补给处。随着时代变迁，小渔业的微薄利润与脆弱而不安定的工作环境已经不足以支撑逐年升高的生活成本。渔民们转向寻找新的营生：餐饮。

最初的餐厅由船改造而成，主打本港海鲜。由于食材新鲜，“海上船餐厅”样式的经营得其所哉，颇具特色，很快便形成规模效应，吸引了大量饕客。避风坞就此转变成海鲜大排档集中区，规模性的餐饮业伴随而来的是食品安全、环境卫生等诸多问题，很快受到市政部门的监管。如今，餐厅被取消，船舶被拆卸，避风坞的土地空间被清理，而在未来的规划里，这里将被纳入厦门市旅游景观的规划建设。

写作者一行人乘上渔民的舢板小舟，从避风坞出海，寻找远处的岛屿，在海浪颠簸和烈日之下，从渔人的劳作场所中，体察普通人的日常。

后田海滩的舢板小舟
摄影：杨剑雄

驻村过程中的出海项目
摄影：龙奕瑭

## 重返作为结语

船已经回到了港湾，我们相扶涉水上岸。当举起手再次回望那白到耀眼的大海时，船夫耀明已经点燃了轰鸣的马达，在送别我们之后，他今日的劳作才刚刚开始。

我们顺着来时的路，此时它已经无比熟悉。所有人悉数穿过地下隧道、攀上石头阶梯、顺着水泥村道又重新回到了那棵榕树底下；驻村者在村落里几日的穿梭，渐渐松动了原本已被踏实的泥土，每一个人都选择着不同的路径去触摸和延伸地方的肌理；而生生不息的村人，以及重新到来的新民则开启了无数通往后田的出口和入口。

驻村写作计划以重新回到后田而结束。这次归途并不意味着终点，正如大多数人离开乡村，然后又从城市回望故乡一样，在自我的间离中，有了新的观照和认识——对于乡村，从来没有定论，也不需要定论，无论如何，它依旧在日常的岁月中流动并永不停歇。

就像那棵历经数百年的社树，飓风虽削去一时的枝繁叶茂，但在地底，它的根茎却早已延绵了数里。

对的，总有一个你不知道的出口正在通往后田。

# 总有一个出口通往后田

黄雯青

客栈与城市相连的桥　摄影：黄雯青

## 1

土地是海的延伸，长出了浪的形状。就算是在火车和的士上，这一路起起伏伏的土地，也始终让人觉得不是山而是浪的缘故。山和海总是环绕在周围，这给了福建人某种安全感，即便看不见，也知道它们守护在不远的地方。

阳光炙热，土地滚烫，没有暂避热浪的阴凉地。炎热带来虚弱和大汗淋漓，一块小小的村落像一个人一旦进入就会触发异样反应的地域。村里总是空空落落的。夜幕降临，零星的路灯折射出霓虹的光，商铺也空空荡荡，独自前行难免经历一番迷失才能回到客栈。白天和黑夜所经过的不像是同一条路，有一次迷失就在村落周边那些极其相似的新建筑群里，在试图返回客栈的途中，村口写着“后田”的大石块好像出现了好几次。

第一次寻找后田是在2017年的8月。从厦门北站下车，排的士长龙，司机一听目的地不是岛内便满含歉意地让旅者下车再去找别的车。8月的厦门，就算待着不动也浑身是汗。等终于坐到车上，却没能定位到一个精确的位置，只是一个大概范围。于是在不知道哪里算是开始的一个地带开始了这次驻地。阳光和炙热令旅者完全记不清路线，在昏暗的光线下，村落里整片建筑灰白的墙面变成了橙黄，人仿佛进入一个夏日浪潮中心的橙色王国。

正是太阳离人非常近的正午时分，旅者爬上村里最高处的楼房天台。看不到太阳，天空湛蓝，王国笼罩在一片迷离的光晕中，路面、植被以及红色的闽南村落屋顶，都蒙上了橙黄滤镜。而在不远处，隔着一条马路，就是海了，那里有着比天空还深一个色度的墨蓝。

旅者转身背海，在对面起伏的红砖大厝中，看到了低沉的太阳。边缘毛毛糙糙的白色太阳，在屋檐的棱角旁无意躲藏。空气沉闷凝重，没有一丝海风。村中心的老榕树据说被台风连根拔起后又重新栽植，枝条攀爬着互相缠绕。也许树叶的颤动暗示有风，但这风似乎不在意置身其中的人，穿过枝繁叶茂的老榕树，它们要到缥缈的地方去。

连接后田山坡和海滩的地下通道

摄影：黄雯青

## 2

空气接连沉闷了好几天，天际越发低沉厚重，一点点地泯灭了所有色泽，小小的村庄就成了一片灰白。

旅者正在上一个长长的坡。坡顶是后田小学。假期学校清空，走廊有一点暗，墙贴的鲜艳图案也变得相对沉稳。教室门窗紧闭，透过窗看到参差错落的课桌。然后意外听到了走道里有人说话，传过来的回声说：下雨了。

天际暗下来，天色由一开始的不均匀，到慢慢归于一统。很大的雨滴，鼓点般逐渐聒噪。雨打在身上很重，瞬间声响又大至轰鸣。很快，一股水流汇成，自坡地高处跳跃着俯冲而下。雨声清亮，混合着屋檐的鼓点。众响归于同一的白噪声，使人头脑放空，仿佛万物静止。

人在雨中，游移在由伞面跳跃而起的雨水所撑出的一块块真空地带。脚踩入水中，能同时感受到泥土和沙砾的质感。冲刷下的落叶和枯枝在水流中走走停停。起初还有人声，随着人们都沉默看雨，周围只剩白噪声和白蒙蒙的雨色。水气朦胧，后田再一次迷离莫测。

## 3

漂泊于海上，随着海浪的晃荡，远方地平线起起伏伏。风和日丽下，小渔船悠然前行，濯足的水花露出一道道裂开又迅速愈合的痕。小舟从此逝，江海寄余生。旅者已经忘记了为什么而来。日出于青蓝海天之际，日落于砖红鳞甲之间。到了夜晚，月亮和灯火一起投向海面粼光。叠叠浪声，不辨方向。渔船成了勾连天地的使徒行者。

海边沙滩上，小男孩正用沙土堆建连绵的长城，他的背后是一艘搁浅的废船。在浪潮推推攘攘中，船体内部渗水，外壳布满蛤蜊般的花色。它曾起程远航，现在栖息于这片海滩，或许给小男孩留下了关于远方的想象。

海风吹得黄昏的海浪翻滚跳跃起来，带来了海上漂浮的枯木和杂物。人

后田一位在地艺术家的住所
摄影：黄雯青

们会很自然地想象远方有恶灵，有女神，有财富，有幽灵船……色彩斑斓的泳衣和身体起起伏伏，摇摇晃晃，人们如在蓝色的梦中。海是摇篮，风是推手，而海浪是摇篮曲。

4

有一次穿过地下通道，从石梯一路向上，我闻到了浓烈的海蛎腥味。走过去发现是一小片铺满海蛎壳的小径。穿过小径，就遇见一幢红房子。从红房子可以看到夜晚的海，漆黑一片。海上有灯塔，间歇着发出光亮，也许可以将其解读成一段莫尔斯电码，传递着某种不为人知的秘密。

这让旅者想起了一个法国漫画故事：主人公是一个丑陋的畸形人，从出生起就住在灯塔里，有海客受其过世的父母所托每月给他送来补给，却从没有见过他。他每日在房间里阅读父亲留下的字典，靠着字典的信息以及海上漂来的物品，想象着他从未见过的外面世界……

星光和薄云区分了夜空的空间和色泽。夜里有夜里的声音，像蝉鸣，却还有一点属于宁静的尖锐声音环绕耳际。后田的声音似乎都带有让人放空的力量，隐隐中不知道什么信号被传输着，要人们从村落带去城市。

5

在村子里，每次行走都可以是不重复的路，而相同的景象也可以有不同的遇见方式。后田的小巷纵横，多是荒废的模样，疯长的青草掩映着石墙和已经风化的彩色绘画，还有轻巧的浮雕。老房的前厅长出了杂草，无人居住，有的成了鸡鸭的窝。

旅者的懒散让后田似乎只存在于接近傍晚及之后的时光里。回想中，几乎没有上午或者其他时间的模样，整个村子好像是傍晚会忽然出现在海边的幽灵一样。直到离开后田的那天早上，从朋友圈的一张照片，我看到了凌晨汹涌的海浪和阴沉抑郁的天空，预示着在旅者离开后不久这里将要迎来一场夏日暴雨。

# 碧山在地后记

刘加

村道边的田坎 摄影：刘加

## 路－田坎－脚印－雪

入碧山村，先顺河拐过一道大弯，车绕行一座山头从阴面开出，见雪已化了一半。之字形状水泥路平铺在开阔平坦的水稻田间，延伸进入远处山脚下紧致密集的屋脊和高墙中。路旁立了石碑，指明进村的水泥路修筑的年代。道路两旁都是收割过后的农田，阡陌纵横，在谷地铺展开。

或许可以想象，原本这道路也只是一道田坎，就像无数的田坎，度量各自的田地所属和一年耕种劳作与收获；农人日夜在这条道上肩犁赶牛，泥巴从脚趾间滑溜出数粒泥丸；田坎上间或有大小不同的石块被搬移了位置，因应雨水的漫溢及不同脚掌的重量和密度，或单独一块，或几块凑一起，经脚掌踩踏，自行组合出了密实紧凑的结构，给身体一个回力；身前身后有羊群或鸡鸭，数十步外的草狗踌躇着迈步，与脚下的杂草一同倒映在狭窄的水面。经年累月，某一道田坎因其便利经走得多，脚步更杂更碎，便愈宽，终成道路。

起初可能只有脚印，大大小小、深深浅浅、长长短短的脚印踩入泥土里，彼此消解和凝固泥泞的质感，每日重新定位路的形状。清早，头一只打鸣的鸡从笼里钻出，伸展着翅膀走向田间，率先在昨日暮归的牛脚印浑圆的边缘破出新的锐角。鸡的步子轻，就算路面被雨水渗透，也不及牛脚印五分之一的深度，但鸡的步子细碎，总能在空隙处随意就留下完整的爪印。早起进城的人穿着新的皮鞋，轻易就踩平了鸡的脚印，间或踩在牛脚印间隆起的干泥巴上，慌慌张张踮着脚寻找落脚处，踉跄地留下断断续续的半个鞋底印。三三两两上学的学生在后边忽跑忽走，或走或停，也不管积水的深浅，心思全然不在脚下。偶有成群的牛或羊从棚子里被赶出，所经之处一片模糊。但清晨挑水或挑担洗衣洗菜的人就不得不迈出均匀坚实的步子，在越来越泥泞的路上重新踩出清晰的脚印，偶尔有一块石头垫脚，在石头上留下的湿脚印不多久就蒸发了，只留下黏着的泥巴。于是越来越多的泥泞，石头与脚印一同涨落，直到下一场雪，淹没了所有脚印。

## 雪水－池塘－沟渠

清早，一声声突兀癫狂的喊叫不知从哪里传出，在鸡鸣之后响彻山谷；我并未理解，但村民早已习惯。阳光渐次照在了山的阳面，积雪从杉树与枞树的针叶尖融化成水珠滴落，依地势起伏汇集成流，渗入水井或汇集在洼地处积成池塘。人们在池

碧山村远眺云门塔
摄影：刘加

塘中洗菜，养莲藕与鱼。马头墙掩映的屋顶已有袅袅炊烟，把屋顶的雪染成一片黑；雪化成水遇夜间冷空气，在屋檐下积成冰凌挂在瓦当边缘，此时正吸纳阳光的温度转化为水滴，将时间一滴滴消磨在门前的水沟里。南方许多地区，雨水既被充分利用与排遣，也被很严肃地对待，人们常在池塘边筑水庙，做祈求风调雨顺的仪式空间。

在田坎与道路间并行有连通的沟渠，池塘中满溢的水流入，顺次灌进农田，更多的水便流进了河道，补给下游的村镇。任意一户人家可自行在渠沟中挖开一道缺口，但会注意缺口不要过大，这样既有利于控制水量，不至于积水过满，也不致使别人家的田间水位太低而流不进。纵横交错的农田面积大小不一，随着田地所有权的世代流变，早已不辨起初的地理形貌：或两块小的农田合并，或大的农田分隔，或变为宅基地与菜地，甚或墓地。在水流入靠近一座桥的农田时，云门塔便倒映在融化的雪水中，影影绰绰，低头犁田的水牛也看到了。

附：云门塔的传说（引自南京先锋书店的博客：云门塔的由来@碧山书局）

清朝乾隆时期，碧山风调雨顺，庄稼年年丰收，这里是一块得天独厚的福地。当地村民丰衣足食，其乐融融，好不自在。不料一天晚上族长老倌做了一个噩梦，梦见一个灾星即将降落碧山，不久就会山洪暴发，整个村庄将要遭受灭顶之灾。幸好一位仙人指点迷津，说只有在村南建造一座塔，塔高六层，塔形六棱，上塔顶的台阶要建于塔的夹壁内，还要开两个棱门，每个塔角挂上铜铃，而且要用纯铜制造，下基时，要在塔基下压上10岁以下的童男童女各一人，全村方可免灾，否则就要塔倒村亡。村中人知道后，马上动工建塔，用了大约半个月时间，六层塔大体建成了，只是塔顶无法装上去，因为太重了。后来还是一个老大爷想出一个办法，可以用土堆积一个两里多长的斜坡，用人工慢慢地把塔顶沿着斜坡推上去。当然，压在塔下的两个儿童，众人却无法办到。这样过了一周，一天晚上，突然一声惊天动地的巨响，全村人都跑出来看，只见塔下沉了一层，只有五层了。第二天族长老倌召集全族大会，研究献出两个儿童的事，大家都十分担心，谁愿意把自己的亲骨肉献出作为塔基的牺牲品呢？村长无法，只好动员大家离开此地。这时有位姓汪的妇女深明大义，愿献出她的两个亲骨肉：一个8岁的男孩，一个5岁的女孩。村里人都为她这一义举感动得流下眼泪。这就是“汪母舍儿女保三都”的传说。

讲述人：黄长幼

## 云门塔的传与说

（一）

时间：2018年1月28日，星期日

地点：碧西

**请问，云门塔的来历您知道吗？**

**碧山村民：** 这个（塔）下边还有座桥，那一年大水把桥冲掉了，是个弯弓桥，那是很久以前了，桥下边人家是姓何的多。我们汪姓的就是搞个塔，弯弓桥加一座塔，意思是射箭。现在叫云门塔，以前我们就叫宝塔。

**刚说的那个桥您见过吗？**

**碧山村民：** 那年大水把它冲掉，我以前是见过的。冲走之前也是经过了很多年，不得了，起码都要200多年了，都是古桥。

云门塔倒影　摄影：刘加

**现在古桥已经看不到了，有没有重新修好?**

**碧山村民：**修好了，就在原来的地方。它也能通车，看到没有?

**塔看到了，古桥没注意到。**

**碧山村民：**它（桥）要再下去一点（顺着河），过了大马路就看见了。走过去就能看见，那边还有个小店。

**之前听说关于云门塔有一个传说。**

**碧山村民：**对，好像古人讲就是射箭的意思。

**在塔上面射箭吗？它们有什么关系?**

**碧山村民：**塔就像一支箭，桥就是弯弓。

**明白了，原来是有这么一个来历和说法。**

**碧山村民：**我也是小的时候听老人家说，那个是很有历史了，像我现在已经80岁了。听说这座桥后面可能又重新修过，塔也修补过了的，不过基本上还是保持那个样子。

**老一辈可能知道这些事，年青一辈也知道这座塔的来历吗?**

**碧山村民：**像我是知道一些，其他人我也不知道。

**谢谢！我刚在车上看到这座塔很特别，村里面就只有这一座塔吧?**

**碧山村民：**一座。

**您贵姓?**

**碧山村民：**我姓汪，整个碧山村汪姓很多。

（二）

时间：2018年1月28日，星期日

地点：碧东

**请问云门塔是一个什么样的来历，您知道吗?**

**碧山村民：**那个宝塔，是过去的汪家（建的），在我们碧山汪氏是大姓。

汪家的势力大，为了降何家，就到那里造了一座宝塔。宝塔就是宝箭的意思，他要去镇何家。何家人也聪明，到小溪上做了一座弯弓桥。那边造一支箭上去，他就拿弓，把塔避掉。宝塔就是一支宝箭的意思，它就是拿来镇何家。

**哦，那座桥像张弓一样。**

**碧山村民：**对，何氏就到溪上建了一座弯弓桥，把宝塔（宝箭）避掉了。像猪栏酒吧那种房子原来都是何家的。

**这个是您听说的吗？是很久以前的事情？**

**碧山村民：**都是听我们上一辈人说的，这是从我们祖上一代一代传下来的说法。那座弯弓桥，80年代初发大水给打（冲）掉了，现在是重修的弯弓桥和云门塔。好像是1978年，电影《小花》就在那个地方拍的。那个时候唐国强与陈冲都到我们碧山来拍《小花》。我1978年还是小孩，现在我的小孩已经也那么大了，读了初中。我们也看见过刘晓庆，唐国强是主要演员，他是小花的哥哥。

（三）

时间：2018年1月29日，星期一

地点：碧东

**您好，请问您知道那个云门塔是怎么来的吗？**

**碧山村民：**塔啊？塔搞不清楚，我原来不在这里。

**您祖上不在这里？**

**碧山村民：**在县城。

**现在是住在这里的？**

**碧山村民：**嗯。

**那个塔应该是很有年头了吧？**

**碧山村民：**我听他们讲，原来那条河上有一座弯弓桥，有了弯弓桥以后，再造的那座塔。那座塔是一支箭。

**原来的桥还在吗?**

**碧山村民:** 那座弯弓桥被大水冲掉了，现在没有了。八几年那个时候还有。

**哦，这么回事。**

**碧山村民:** 我们这个地方管那个不叫塔，我们土话叫guī 。

**这个guī 字怎么写?**

**碧山村民:** 我不太清楚啊。弯弓桥是石头砌起来的，大水给冲掉了。那座塔是很久以前造的，解放以前的，是私人做的。是我们本地一个人家，做生意的，他们拿钱来做这个。

**桥也是吗?**

**碧山村民:** 桥不是他做的。

**哦，是哪户人家?**

**碧山村民:** 这我不大清楚，因为我以前不在这里，也是听说。

（四）

时间：2018年1月29日，星期一

地点：碧西

**请问这座塔是怎么来的?**

**碧山村民:** 这边以前有很多祠堂，一个祠堂做了一座塔，一个祠堂做了一座桥。它是一座桥对一张弓，一座塔就是一支箭，一个是弓，一个是箭，就这样。桥本来是弯的，现在给平掉了。

**听说是以前一户姓汪的人家修的?**

**碧山村民:** 是的，我也是姓汪的，我们汪氏有36个祠堂。

**现在这座塔做什么用?**

**碧山村民:** 现在也没什么大用，现在……做旅游啊，给人家看嘛，现在都把它锁在那里。

**塔里边可以进去吗?**

**碧山村民：**我小时候就爬进去过，现在锁起来了。有的要饭的人把那里搞得不卫生，脏死了。应该是文物局把它保护起来了，一般没什么特殊情况肯定不能进去。窄得很，里面一层一层可以上去。很窄的梯子，只能一个人进去，两个人都不能并排上去。

## 巷道－马头墙－太阳能管

碧山东西村的徽式民居由众多巷道与排水沟连通，如同那些纵横交错的田坎。或许也可以想象从前村子是一个整体的建筑，沿用的道路名“八房厅前路”与“八房厅后路”似乎指明道路是从建筑“内部”通过，或者说内部与外部没有绝对区隔。每家的马头墙与屋檐各有高低，水量亦有大小，滴落在石头上，打磨着不同的形状。高耸的马头墙之间的防火巷道既是区隔又是公共的空间，在宽阔处堆放各家剩余的物品，也能让行人与货物通过。这一头的人骑着摩托车，远远看见挑担的人，如果不先停在宽阔处让行，自己也过不去；那一家的太阳能管放不下就并排靠在了邻居家的屋檐边，或者两家共用一个水缸或垃圾桶；尽管错综复杂

碧山西村的街道名，图中的路牌上写着『八房厅后路』 摄影：刘加

的建造并不能总是分得清楚究竟是谁家的领地，并时常有摩擦，但这一既流动又开放的负空间处在私有与公共之间，能被彼此占用与让渡，从而形成了复杂微妙的关系与日常情境。

这种关系或情境就像建造云门塔的传说，是在建筑一种公共性，需要共同付出与众筹，才能让这种错置的情境变得明朗和通达。这一众筹在过去可能是非常普遍的交往方式，并具有象征的文化意涵。时过境迁，传说被不

碧山村道路旁的闲置物品
摄影：刘加

断传与说，某一象征的含义可能湮灭或被符号化，成为隐喻；而在每一个“此刻”，这一含义面向未定的进程，需要从隐喻走出，进入独一的现在时；它既是具有限度的俗世的公共时刻，也是一种尚未命名的共域——阈域。它不是由某个人的意志决定，也不是着力于形式本身；如柄谷行人批判“作为隐喻的建筑”时所说：“总之，建筑是交流，而且毋庸赘言，是与没有共有规则者之间的交流。”[①]

## 后记

这一次的在地实践算不上是个人的创作。作为外来者自知以即兴的方式几乎不可能有真实的行动，哪怕在短时间内进行针对性的工作或提出针对性的问题。只有机动行事，尽可能多地去看去听。置身碧山这个地方，我的“看”首先（与很多来此观光的人一样）被云门塔所捕获。当然这样的“看”很表面，也容易把所看之物符号化。其实在来碧山之前，我曾在网络上浏览到一个有关云门塔由来的传说故事。这个由当地人讲述的故事与大多数传说的模式相似，情节上也并不十分离奇，无非是个人面对艰难抉择时的舍生取义，但整个故事看到最后我还是有所触动。

触动之余，我并不能完全相信这个口述传说的可靠性，以及它可能不是唯一的版本。传说，有时候难免以讹传讹，会不会不同的人有不同的说法呢？于是来到碧山之后，我就计划寻访村子里不同的人，看看会得到什么样的结果……所谓口口相传，见仁见智，传说的内容总是会有重叠，也会有差异。最后展览的时候，我把采集得到的这些口述打印出来，供人阅读。这个寻访的过程，重要的可能并不是追溯传说的“真相”，而是感受故事被众口相传的集体记忆状态。当地有些人甚至已经不再知道这个属于本地的故事，这次寻访和展览于是就成了连接村民集体记忆的一次机会。

寻访之中，我自己感受到的一点是，围绕村里的塔，村民的记忆既混合

① [日]柄谷行人著，应杰译，《作为隐喻的建筑》，中央编译出版社，2011年，第109页。

碧山村巷道中寻常的非正式建造，同时也非一种『作为隐喻的建筑』 摄影：刘加

又有差异，那种存于历史文化和集体记忆中的塔的叙述，并不是完全一致，而是多元交织。这也启发了我去构想碧山村的时空经验。“方志小说”在碧山的这次展览中，除了寻访和口述的部分，我还在现场制作了一个实物装置。所有实物都是我从村民家中借过来的闲置物、损坏物或废弃物。我使用这些借过来的实物，在碧山工销社的展厅搭建了一个临时的艺术装置，想通过这种艺术的工作来表达我对碧山村的时空经验的理解和诠释。

过去很多地方，特别是农村地区，村子里哪家需要做仪式办酒席，自家的碗筷桌椅一般不够用，就要每家去借，凑出来一个宴席。物件一般都刻了每家的姓或名作为记号，谁家用完就按照这个记号相应归还。这种经验也启发了我去思考乡村邻里之间的一种共享关系。就像我的装置，从不同人家里借来各种盛水的器具：缸、桶、盆、碗，盛装雪和水，然后像塔一样叠起来。不同大小的器具之间形成相互的作用力，以让水量达到浮力与重力的平衡为标准，水缸中的水刚好满溢。每种器具所盛装的水位随着天气与气温的变化产生缓慢的蒸发，蒸发本身使浮力与重力的关系随之变动……

农业地区对自然条件非常敏感，随时做出直接与之应对的调整，既要规避难以预测的灾难，同时又要对自然的馈赠充满感激与敬意。对于今天生活在城市里的人来说，这也是一种独特而重要的体验了。在城市里，偶尔下一场雪，人们走在街上与公园里，也会有一种共同的喜悦。但与乡村的经验有所不同的是，这种共同经验更多地被编织在社交网络中，而不是每个人的具体生活中。乡村经验，不管是面对自然，还是面对邻里，或者是面对过去与未来，始终有着一种现实的情感交织的经验，它直接指向了每个人的具体生活。

# 寻向所志

评展览「方志小说·驻村写作联展·碧山诸」

周净

方志小说展览空间局部 摄影：张鑫

方志小说

小说作品的终结对应着当代叙事作品的无终结，这样的无终结在当代最优秀的叙事作品中不是一种昙花一现的方式，而是反映着一种特殊的历史和哲学情境。结尾的不可能性划定了一个“文学空间”，这个空间不在和解的彼岸，而在此岸。

——勒内·基拉尔《浪漫的谎言与小说的真实》

“风景一旦确立之后，其起源就被忘却了。”[①]方志的志述，毋庸置疑是一种纪实性的起源书写，四方的舆情勘探、村户间的弘风纬俗，一一可从中找到佐证。小说自觉的虚构，更像“诞生于离群索居的个人……把不可言诠和交流之事推向极致”。[②]“方志小说”整体则是一个熟稔透视法的现代装置，存于虚实两端的回摆处，将外在写实和内面感知中纵深度的对话意图体现出来。

如果在“方志”的框架里平铺直叙描述的是一方堕入现实的失乐园，那么“小说”重构下的乡村在展览中重新提醒了乐园的难以复得，所产生的审美却无关乎乡愁所带来的美的残缺性和劫后感。艺术家的驻村从某种意义上像是一段故地重游，而虚构的想象根源却不止惮于纸间的近乡情怯，更多的是在早已发生裂解的缝隙里着眼于如何回溯过去、驳接将来。这更接近一种文本创造，须用多种方式的解读才能厘清缝隙的整体轮廓。

孙存明在作品《想起个老友，泪眼潺潺》中提出“不借钱，不借书，不借时间”，这个口号似乎是从特殊年代残垣上拓来的语法结构，那么充满年代感的篮子和落尘的箱子，如今能易物并盛放着什么呢？一块空砖放置其中，代表着一种失语的缄默状态。这样的失语，是乡村正在失去它所言语的对象，不仅仅是村民在和外来者寒暄时的片刻愣神，也是村民在话语生产时的缺位，尽管这样的失语是在完全的虚构中展现，但当虚构之意试图与乡村的现实实现繁复的互动，以意欲触发些什么时，乡村却以失语之姿告诉你这样的努力注定是徒劳一场：资本、知识与年代的更迭之快，更像是一些时髦的外来词，被完全抵挡在了乡村缄默之口的界域之外。

① [日]柄谷行人著，赵京华译，《日本现代文学的起源》，中央编译出版社，2013年，第20页。

② [德]本雅明《讲故事的人》，引自[德]汉娜·阿伦特编，张旭东等译，《启迪：本雅明文选》，三联书店，2014年，第99页。

孙存明《想起个老友，泪眼潸潸》，篮子（箱子、砖头、药丸）摄影：张鑫

李汉周在作品《新基故事》中，用覆盖在27个短视频上的句子和醒目的标点符号将缄默的状态变为碎片化的诉说。诚然，撰写方志的时空与图示的框架比我们寻常所构想的远为复杂，而这些传统的主题在偌大的虚构中便被浓缩成了一种线性时间轴的抒情，“对新旧交替的追忆和对童真失去的怅惘”，甚至还加上了拟物的修辞，“第二次来新基，发现阳台上的啤酒瓶移动了约半米”。啤酒瓶也开始变成了一位游走今昔的侨寓者，从一个时间点踱步到另一个时间点，而人与事表面的兜转依然是悄无声息地进行着，“童年是一个地方，一切就那样留在了那里”，[①]不论是儿童的绘画还是老人的鼾声（黄成作品《新基》），乡愁的语式开始捉襟见肘，那些图像和声音作为媒介制造了许多不在场者的在场证明，虚构开始同过去缠绕在了一起。

与乡愁此消彼长的是记忆，而记忆的“记”有在当前为了将来有用而加

① 引自茨维塔耶娃写给帕斯捷尔纳克的书信。汪剑钊主编，刘文飞等译，《茨维塔耶娃文集·书信》，东方出版社，2003年，第389页。

李汉周《新基故事》，视频、油画、酒瓶、句子 摄影：张鑫

以认取的意思，而“忆”则是为了当前而回溯到过去。[①]记忆非实非虚，更像是以“将来的搁置为基础而发展起来的”。按照弗莱切的说法，记忆无法逃离承诺的义务，而“诺言需要重组，以便将逝者的记忆纳入其中”。[②]刘庆元的12幅木刻版画作品《碧山刻记》将一代人记忆深处落尘的云门塔、靠山邸、人字街、老油厂等集体记忆进行重组，用最接近记忆的黑白色来表达其中寄予的沉实丰足的情感。这些旧物景翻新的记录，是一次风物志的刻写，也是将记忆中从虚构的遮蔽的视域到眼见为实的日常语境转变的推波助澜的动力。

在布局上与刘庆元《碧山刻记》相对的是赵玉的作品《和风会把我们吹向未来的哪一片乐土》，作品占据了主展厅的左面墙，与出口处的同在翁基驻留的龚慧的作品《费多拉》遥相呼应。忽必烈曾这样问马可·波罗：“如果有一天我熟悉了所有梦的徽章，是不是可以真正拥有我的帝国呢？”这一问恰似波拉尼奥笔下的那个“遥远的星辰”，答案只是一种迎风而往的趋势。每一枚徽章中都有着人物、风俗、俚俗言语和节日布置的完整记述，而帝国的构建却不只是“考量域

① 费孝通著，《乡土中国》，北京出版社，2005年，第24页。

② [加]弗莱切著，田明译，《记忆的承诺》，华东师范大学出版社，2009年，第79页。

黄成《新基》，CD、册子
摄影：张鑫

外、斟酌本土”，而是把耳熟能详的事物和时代用一个外来者的视角进行对照，重整时间的顺序，借助记忆、想象等仪式来变更记忆与当下。此时的巴黎和翁基不再只是想象中发生的地方嫁接，而是在现实中也进行了并列和错置；此时的费多拉，也不再只是卡尔维诺的一座欲望的城池：当凝视注目的面容和芭蕉扑面而来的绿意呈现在眼前时，足以让人屏息；当作品在对城市进行再诠释和再命名时，地域的面貌逐步消解而变得模糊，让人感到置身其中“遂迷，不复得路”，步入了作品语言锁链精心布置的迷宫。

什么是“你我皆可借以安置文本的根源”？巴赫金说，是地点。[①]那么这个地点是地理学和地方志中的真实存在，还是叙事中虚构的一处投射？柯曼的动画作品《田园暮歌》给了一个非常沈从文式的回答。《田园暮歌》取了石仓当地暮霭时分的景色和村民们房前屋后的掠影，有佝偻的拄杖老人，也有碾磨的师傅，但多多少少有些疏离和阻隔；旧时镂空雕花的窗棂坍塌，换上了密不透风的门板，这样美的残缺性和年代劫后感，置身其中仿佛听到了沈从文的声音。“我已来到我故事中的空气

① 钱中文主编，白春仁、晓河译，《巴赫金全集》第三卷，河北教育出版社，2009年，第425页。

刘庆元《碧山刻记》，版画，十二幅 摄影：张鑫

赵玉《和风会把我们吹向未来的哪一片乐土》，照片、视频、册子 摄影：张鑫

里了，我有点儿痴。环境空气，我似乎十分熟悉，事实上一切都已十分陌生！”①

水彩画《临水夫人》同样非常具有解构主义色彩，客家信仰的俗神“三夫人”不再接引着祝祷和目光，而是变成了饶有兴味的看客，细细地打量着前来祈求的人们，甚至开始品头论足一番。但是字里行间，似乎村子里那些代代相守的“成规”和仪制并未发生些许改变，神像也从未离开过生于兹养于兹的这片土壤。

① 引自《滕回生堂的今昔》，沈从文著，《沈从文文集》第九卷《散文·湘行散记》，湖南人民出版社，2013年，第301页。

乡村正在失去它意欲诉说的对象，面对驳杂的知识语言不断地注入，乡村站在了一个沉默的位置，但它仍然会用敏感于农事、时令、物候和劳作的语言，应答着一切。恰如沈木槿的诗歌作品《越人歌》中杉木与布谷的对话：风霜雨雪之中，饥寒交迫之间，反复地走着“一粒稻谷四季轮回的路”“斗转星移的路”“叶落归根的路”“世世代代的尘埃路”。这沉默中的应答，仿佛一场远古与现代之间的“寻向所志”，世代繁衍，歌谣不绝，标记着乡土生活不息的节奏，无论此处还是远方，不管今生或是他世。

龚慧《费多拉》，视频、图片
摄影：张鑫

柯曼《临水夫人》，水彩画
摄影：张鑫

# 越人歌。组诗选九

沈木槿

【题记】

侗族系古越人后裔，为史学界定论。《越人歌》出自汉刘向《说苑》，是中国春秋早期使用侗语的古越人民歌（其后有汉字记其古越语发音），为中国第一首译诗，系楚辞源头之一。组诗《越人歌》，意欲在融合古今与汉侗民族的歌咏传统上做出新的尝试。

贵州地扪：农穑 摄影：沈木槿

## 尘埃路

—布谷布谷，
　你走什么路？
—杉木杉木，
　我走春的路夏的路，
　风的路雨的路，
　一粒稻谷四季轮回的路。

—杉木杉木，
　你走什么路？
—布谷布谷，
　我走山坡路青云路，
　霜的路雪的路，
　我走太阳的路月亮的路，
　斗转星移的路。

—布谷布谷，
　你走什么路？
—杉木杉木，
　我走饥的路渴的路，
　起早摸黑的路，
　我走汗水的路丰收的路。

—杉木杉木，
　你走什么路？
—布谷布谷，
　我走光的路影的路，
　水的路旱的路，
　我走叶落归根的路，
　我走世世代代的尘埃路，
　那生于土也归于土的
　黄泉路。[①]

2017年11月13日

---

① 侗人至今土葬，皆以杉木为棺。

## 光阴

燕子低飞，掠过稻浪了
梯田上的稻草人
一阵哆嗦一阵舞蹈了

鱼儿跃出水面了
寨子像风口浪尖上的
多桅船
摇摇晃晃了

鸡仔们撒开脚丫
躲到母鸡的翅下了
山顶上那大片乌云啊
像神掀动灰袍了

蚂蚁们来来往往
忙着往树洞里搬家了
山腰那蜿蜒路儿
像光阴的九曲回肠啊
牵萦着远行的人了

2017年12月7日

## 梨树开花

去年你走时，
门前的梨树正在发芽。

梨树开花，你没见着。
梨树结果，你没尝着。
梨树落光了叶，
女人也落了一冬的头发。

而今梨树又发芽了，
女人守仁的脚趾也发芽了，
你还没回家。

2017年12月9日

## 涌泉

春雨笼着地扪，
村里村外的涌泉
越发清亮。
像密密的鬃毛
披覆着的
湿润的马眼。

2017年12月17日

## 火种

辣椒在坡上
在屋顶上暴晒
成片成片
灼红，浓烈

辣椒在地扪舌尖上
在初民血脉里
毕剥燃烧——

这部落永传的
经久不灭的火种

2017年12月17日

贵州地扪：风土　摄影：沈木槿

## 江堤

江堤像一把砍刀扔在你脚下
是很久以前，那提着刀
头一个披荆斩棘，劈开生路
来到江边的人所撂下的

在刀背后面，他燃起篝火
随后来了很多人，垦荒，耕种
子子孙孙安居乐业

而这刀刃
犹自抵挡着滔滔不绝的
洪水猛兽之日夜侵吞

这刀刃犹时时刻刻
被风浪擦拭着，磨砺着
这刀刃，犹被那个曾挑灯看剑的
戍边英雄牢牢持握着

更早时，那个裹着树皮裙的他
也曾提着刀，挺身步出山洞
在齐腰高的野草中
他对着满口獠牙的虎狼
悍然划下一道斩钉截铁的界线
——界线之后，是我家

2017年12月13日

## 接近

那雀儿在梢头鸣啭。
先是怯生生地一两下，
它在试声，
它沿着音阶舒缓地上行，
像节拍器那样子轻快，平允；
继而来一段自1到$\dot{1}$
流丽至极的滑翔的琶音；
再从四拍子转换为三拍子，
又从小调转为大调之声。

听上去，似乎它只活过
一个季候的欢乐，
远多于你整一年的欢乐。
但是，如果你真的感受了
此刻它涨满着小小胸腹的欢乐；
相信它整个儿不过
婴儿拳头大的彻头彻尾的欢乐；

那么，纵使这不算是你
快乐的时刻，至少此刻你也
接近着快乐的事物；
这也是你真正
接近自己的时刻。

2017年12月2日

## 归山

唢呐声声啊，
像一个哀号者
踉跄在山路上。

抬棺的后人们
齐心合力呟
迈腿跨步；
号子声声呟
撼动了地扪的肺腑。
棺木像一叶孤舟，
在冥河的惊涛中颠簸。

纸钱纷纷扬扬，
铺撒在你我要去的前路。
送葬的人群
走进了一场漫天大雪。

山路像一线蛛丝儿呀
晃晃悠悠，
随时似要被风吹断。
你我的人生路
随时都一去不复返。

青山碧水，
已敞开了胸襟；
等待啊安顿，
那一个个归来的人。

2017年12月19日

## 四时农事诗

1

春风骑着一匹马。
春风来到侗寨，
像绿林好汉滚落马鞍。

2

惊蛰声里，
有一座披星戴月的风雨桥；
清明雨里，
有一座含辛茹苦的生死桥。

3

谷雨，芒种
是穿着草鞋来的。

步上禾仓你要留神，
侗家的木楼耳在听呀。

踩上梯田你要留神，
秧浪的起伏是地母的心跳。

4

小暑，大暑
好比马的一对耳朵，
微微掀动
满耳是滚滚的雷声。

白露，寒露
好似牛的一对蹄印，
一踩下去
就是汪汪的水波。

5

寒霜像一把凛冽的镰刀
收割着大地。

于是夜间，星星多得
像天神靴底的沙。

6

小雪，大雪
眼看要刮上月亮去了；
就要清扫干净
那通往来世的路。

小寒，大寒
眼看要刮动寒星了；
就要垂落那
去往彼岸的天梯。

2017年12月27日

# 端午

苏杭

## 题记

工作的原因，这两年有很多机会走访村落和当地村民聊天。城市和乡村因为近20年来资本的失衡而被撕裂，其中生长的人们处在想象的对峙中无法在同一个话语体系中对话。这些即将写下的文字是其中几个人的故事，他们的背景、年龄、职业各不相同，都来自长三角地区的乡村。在同样的时间线之中，这些人挣扎于乡村、城市和全球化带来的冲击中。

这些真实的人物被放置在一个半虚构的空间之中。这些故事不是报告文学，更多的是从采访文本映射而来，加上食物、宗教、物产等地方元素的糅合。希望这些田间地头或盛大、或沉重、或传奇的生命可以在尘埃中讲述平凡的故事，从个体的角度来讲述更为宏大层面上的乡村经济、空间与精神转型和背后的危机感。

这部小说的原型接受采访的时候非常从容，慢慢回忆和讲述自己的“两段人生”。他其实并不理解中国的城市，因为他所有有关城市的认知与体验都在德国；他也不理解中国的乡村，因为幼年时代的那个乡村已经消失了。在孩子的眼睛里，十几年前的乡村是一处热烈而浪漫的所在：有茶田，有竹林，有油豆腐，有老房子，有亲戚和认识的人，有很多很多的朋友和很多很多的故事。当而立之年回来，一切都散去了，剩下的空壳让他手足无措。

这次书写是一次冒险的尝试，虚构与非虚构的类型学带来的叙述限制是否可以被冲破，或者其中的矛盾是否可以成为个体叙述与地方叙述的新的突破点？在过去的三十年里，中国的城市与乡村之间在精神层面的清晰对峙和物理层面的边界消弭同时发生，作为社会个体的人类将如何看待这一特殊的历史进程？感谢本次活动的发起人芬雷、周功钊对前期驻村写作计划的支持，感谢阙龙兴老师、左靖老师和杨庆华书记的帮助，感谢同行的写作者柯曼、张岩和孙姝荻以及驻村期间受访者无私的分享。

搴汀洲兮杜若，将以遗兮远者；时不可兮骤得，聊逍遥兮容与！

——《楚辞·九歌·湘夫人》

如果是一年前，我怎么也不会想到我真的回来了。从阿爸把我送到德国读书，到毕业后工作，我已经在这边生活了15年，正好占了人生的一半。现在回忆起来，阿婆走的那个下午与往常并无二致，唯一不一样的只是中午的沙拉里胡椒味道重了一点。人们常说重大事情发生之前，人的第六感会觉察到，我却丝毫没有。此后我无数次回想起那天早上的阳光、牛仔裤上不知何时滴上的食物痕迹、咖啡勺子碰到马克杯的声音……每每我都被细节淹没，直到左耳后面那根筋开始不规律地痉挛。

## 溪排

我人生的前一半是在溪排度过的。溪排是个山坳里的小村庄，两边山上的水流下来汇成了溪。村里只有一条路，路边是溪，两边是房子。

南方山里的夏天跟柏林很像，早晚冷得要穿长袖，中午又晒得睁不开眼。到了晌午日头一毒，家家户户都开着木门板睡午觉。我小时候村里只有一小部分人住在砖房里，砖房都是自己盖的，紧沿着路，因为听说镇上很快就要在这条土路上铺沥青，升级成灰乎乎的大马路。

我小时候住在村里最大的老宅子里，十几年后我才知道这所宅子叫余兴堂。大部分人住的都是清朝祖上留下来的老宅，一个天井里能住两三户人家。老宅很大，有18个天井，一到晚饭的时候，家家户户做饭的烟火气裹着饭菜香味，直往鼻孔里钻。溪排村分上排和下排，一共有18幢清代建造的老宅，几家人围着一个个天井生活着，谁也不知道这老宅还有名字。村里开始有人出去打工，赚了不少钱回来，人们陆续盖起了砖房从大宅子里搬出去。那时候阿爸阿妈每天晚饭的时候都吵，我就把菜夹到碗

里，自己坐在电视旁边吃。《新闻联播》里讲的事我那时候还听不懂，阿爸阿妈吵的什么我也听不懂。有时候我半夜迷迷糊糊还能听见他俩压低了声音在吵架。

夏天的早上，老宅和层叠的山峦
摄影：苏杭

终于有一天，阿爸阿妈把我的东西从二楼的卧室搬到了另一个天井中的阿婆家里，一楼的木门也被锁上了。我有时候回去取东西，要把那条时兴的铁链锁从木窗棂中一格一格抽出来。

在这之前，我和阿爸阿妈一直住在第三进院子的东厢房。今年我回去了一次，那个房间现在已经彻底荒废了，地上长满了青苔，灶台塌了一个角，一摞发黑的砖头瘫倒在地上。我每次上下楼都要从隔壁房间穿到一段只有60厘米宽的陡峭楼梯，下来推开门才到邻居共用的天井里，再走四步到达一楼阿爸阿妈的房间。自打我懂事起，我就经常住在我阿婆家。阿婆家也在余兴堂，在最边上一进厅堂里。我喜欢住在这边是因为离安安特别近。每天吃过晚饭，绕过门口那把老藤椅，我三步就可以从侧门出宅子，看到安安家的房顶。

安安的家是新的瓦房，在村子的最南边。我已经记不起我们第一次见面的样子，仿佛我们两个前世就认识。安安的阿爸是小学的语文老师，人很和善。安安阿妈是从别的镇嫁过来的，尽管都说汀州话，但口音有些不一样。她年轻的时候在镇上文化站工作，经常在灶台边忙着晚饭就唱起戏来。她唱的是我们这里的一种高腔，有好多咿咿呀呀的叹词，声音高亢清丽，带着一丝丝韧劲和苍凉。

阿婆不喜欢安安的阿妈，也不喜欢安安，但安安阿妈特别喜欢我。她每次见到我都说，后生仔啊眉宽口宽，心里明堂。她常常一边从厨房捞两个刚炸好的油豆腐盛到小碗里，一边招呼安安从楼上下来。只听得楼上一阵子乱响，脚步声声顺着木墙板，吧嗒吧嗒急急落下。安安从墙后面探出半个脑袋，眼睛里都是笑意。

我们俩喜欢在村子中间唯一一条土路上疯跑，跑着跑着安安就跟不上我，让我等等她。借着一扇扇敞开的木门里微弱的灯光，我看见安安向我跑来，脸上明明暗暗。

那幅画面清晰如昨。多年后我和安安约在县里老街上的一家面馆，透过溪鱼面蒸腾的香气，她的脸突然模糊起来。

阿爸就是我去镇上念书那年回来的。村里人形成外出打工潮的时候我阿爸阿妈已经在外面好几年了。他们去了上海，在静安寺附近摆地摊，一年下来能攒个几万块，那时候可是一笔巨款。后来陆陆续续很多人出去摆摊和打工，赚了钱回村来盖新房，风风光光，我阿爸却回来建了个小厂房。那时候城里人开始流行装修，对地板的需求很大，我阿爸抓住了这个机会，几万块钱起家做了我们这里第一家地板加工厂。

村里的小学只有一二年级，三年级就要去镇上的中心小学住校。刚上学时，我和阿婆住在一起，阿爸阿妈在上海，有时候打电话回来要跟我说话，问我想不想他们。我有时说想，有时不讲话。我也不知道想不想他们回来，其实那时候我只盼着可以和安安一起住校，要是分在一个班就更好了。

三年级开学前的暑假我去了趟上海，和阿爸阿妈住在北京西路上的一个亭子间里，去外滩排大队吃了炸鸡。8月底快开学了阿爸才和我一起回溪排，一到家，阿婆说镇小学的分班名单今天早上贴出来了，我分在一班。我问她安安呢，阿婆装作没听见。我趁着阿婆去烧水的工夫一溜小跑窜到安安家，正撞见安安阿妈一个人在门口择菜。她说安安去县城了，她阿爸选调去县里小学工作，就把安安转去了县中心小学，今天早上刚走。

夏天傍晚，太阳只晒到了东边的山头，像是抹了一层金粉。我的脑子是蒙的，不知道怎么回了家，阿婆正坐在门口的藤椅上。她听见响动睁眼瞧我，问我跑哪去了、脸色怎么这样难看。我不敢告诉阿婆安安的事，只是说我想去县里念小学，县中心小学已经学英语了。阿婆突然站起来，一把拉着我穿过好几间天井到我阿爸屋里说，娃娃开窍了哇，要去县里读书呢。阿爸正在屋里跟几个不认识的人说话，一看是阿婆拎着我，转头跟他们招呼一下，两步迈到天井里。他低头看着我，看得特别认真，就像是我脸上长出什么花来似的。里屋的叔叔说读书没啥用，不如以后回来跟他们一起做地板。阿爸抬头跟阿婆说，后天就开学了，三年级先去镇上读，读得好就给他换好学校。

其实我的成绩不好不坏，考试都被我耍小聪明混了过去。自从阿爸说读得好能转到县里和安安同班，三年级开始我越发用功了。也可能是因为镇中心住校老师管得比阿婆紧，反正三年级的期末考试我考了第一名。放暑假阿爸接我回村，有意无意地跟人家炫耀，说县里的小学也没怎么好，准备把我转到丽水或宁波去。我听说之后在家里哭了好几天，在家赌气不吃饭，阿婆劝我也没有用。结果开学的时候是阿爸亲自押送我去了丽水的小学。

1995年我上三年级，阿爸的地板厂干得红红火火，在丽水汽车站附近租了一个门头做分销点。安安在县里读小学，阿婆腿脚还灵便，阿妈在上海做小生意，我被送进那所以升学率而出名的封闭式寄宿学校之后，她和阿爸终于离了婚。那年村里许多小伙伴跟着爸妈去了别的地方，镇上的小学由四个班变成了三个班。似乎就是从那一年开始，我熟悉的人和事突然消失了。我隐隐约约觉得人的命运是由他周围的人来决定的。

亚洲金融危机刚过去两年，很多人在城里炒股票亏了本，跑回村里躲债。旁边村里有个外姓叔叔跟阿爸交好，去投奔了在德国开中餐馆的亲戚，写信给阿爸时大力歌颂了德国现代化的生活水平和生活质量，说中国落后人家两代人。阿爸一下子就被说动了，当即决定把我送去德国。我那时候也厌倦了那所监狱似的寄宿学校，阿爸动用了一切能动用的关系让我去德国。

## 出国

初三那年的4月份，我接到了德国语言学校的录取通知。我用新的诺基亚手机发短信给安安，问她周末有没有空。我们俩一直有联络，过年期间都回家里也常能见到，却不怎么说话。安安念初一的时候把头发剪成了蘑菇头，我每次看见她都觉得有点陌生。晚上安安回复了我，说周六下午有空，问我要来镇上吗？我迅速回复，好。

放下手机我的心狂跳起来。

那时安安家已经搬到镇上，除了过年祭祖，很少回村里。周六下午我从县汽车站出发，大巴大概半个小时能直接到安安学校门口。我和安安已经六年没有认真说说话了，在车上我绞尽脑汁计划着跟她聊什么。

我们约的3点在她学校门口见面。周六下午，学校里没有人，街上三三两两的行人走过，我坐在学校门口的花坛边等她。我记得她好像是迟到了一点的，穿着牛仔裤和卫衣，头发清清爽爽地扎起来，笑起来还是小时候软糯糯的样子。她也不知道该跟我说什么，就说了声“Hello”，紧挨着我在花坛边坐下。

“我要去德国了。” 我不知道怎么蹦出来这一句，而且是字正腔圆的普通话。我明显感觉她愣了一下，随即平静下来，说：“听说了。什么时候走？”“一放假就过去。”

她沉默下来。我看着马路对面围墙后面的树叶随着初夏的风摆动，远处走过来的小男孩被他阿妈拉着，脚步踉踉跄跄。

我一时间不知道该说什么，时间凝固了我和她之间的空气。我想看看她，又怕撞上她的目光，只好低头看着正前方的地面。阳光透过树叶洒在新铺的柏油路面，形成一片跳动的光点。那片光让我想起了村里的那条小溪，并排流淌着的是村里唯一一条路。老宅、土墙、木窗棂、旧藤椅、油豆腐、茶田、阿婆、安安阿妈……记忆开始跟着光斑跳动。我倏地感到一阵恐慌袭来。

我站起来就跑，低着头看到球鞋划过那片跳动的光。我听到安安追了几步停了下来，就在转弯前的路口回过头看着她。她的表情有些错愕，金灿灿的阳光透过树叶的缝隙洒下来，她的脸上明明暗暗。

我和安安唯一一次正式的会面就在仓皇之中像笑话一样结束了，我对乡村的全部记忆也在那一瞬间画上句号。在那一天之后，没有什么东西是我真正熟悉的，包括阿婆和村子。我至今也无法解释那天的恐慌来自何处，是久未谋面的安安，是即将离开家乡的伤感，还是面对未来的压力，我不得而知。

去德国之前，正值6月初夏，茶田里的活变少了，阿婆叫我陪她上山采药。阿婆说端午节天医星临空，百草皆是药。小时候每到端午阿婆就会带着我上山，四年级之后便没再去过了。每年等我回溪排避暑，阿婆会把专门配的那份给我，说后生仔阳气重，夏日里头先降火气。我的茶里面有很浓的薄荷味道，清凉解暑，每天午睡起来喝一大碗，沁人心脾。

飞去柏林那天是我第一次自己出远门，第一次出国，第一次坐飞机。等我把脑袋抵在舷窗上的时候，恐惧和兴奋的感觉逐渐下降，涌入心脏的更多的是不舍。对一个15岁的男孩而言，命数还是个太虚妄的字眼。那片山坳中的古宅和县城中尘土飞扬的柏油马路都在离我远去，我那时候连伸手去抓的意识都没有。我在柏林特别容易迷路，那些陌生的建筑看起来连绵不绝。

我在德国的语言学校念了一年，通过考试转入当地高中。高二那年的暑假我回国了一次。这一路我走了将近50个小时：从柏林起飞到莫斯科转机，过一夜之后飞到上海浦东机场，坐地铁到上海火车站，转火车到市里，再从市里坐大巴到县里，坐上阿爸的车再有一个小时才到阿婆家门口。

我一路昏昏沉沉，加上两次时差转换，到上海的时候连几月几日都搞不清了。我爬进阿爸车里的时候脸色特别差，阿爸见到我的兴奋迅速变成了嘘寒问暖的小心翼翼，再变成不听他接机安排的埋怨。我懒得多说，斜着靠在右前方侧窗上。窗外是五年没见的家乡，在视野中飞速划过。

那时正是2004年，阿爸在杭州买了一套小房子，房价在一年内涨了一倍。安安和我没有任何联系。阿婆的身体不如从前，依然独居在老宅一隅。县里盖起了一片新房，仿古的建筑遍地都是。村里曾在2001年失了一场大火，一片老宅被烧成灰烬，为了重新分配宅基地的问题，村民和村委会吵了好几年。而我，终于回到了家。

## 安安

“火萤虫，日日夜里下来挂灯笼；灯笼光，照四方，四方暗，跌田坎，田坎晕，跌枚针。”

——汀州童谣

2004年的夏天我在村里待了两个月，其间发生了很多我难以解释的事情。多年后我问安安，她那时候为什么和我在一起，她的回答我竟完全想不起来。

第二天我一直睡到中午，阿爸过来吃饭，问我在德国的生活。我照实回答，很像跟领导汇报思想工作，从生活到学习都说了一遍。最后阿爸问我对大学专业的打算，我跟他说了根叔的建议，决定学商科。阿爸说，行啊，根叔出去得早看得也清楚，这两年工业园那边政府补贴得多，但地板加工的工厂也多了，想做大不容易。扇厂就在村外，留在村里的老人也能多挣点钱，也不指望扩大生产。以后老了他就回村里来，在洋头岗那边新分的宅基地上盖个房子守着阿婆，等我每年过年回来祭祖。阿爸说这些的时候眼里有些无奈，有些期待。很多年后我站在扇厂门口，看着一箱一箱的日本团扇被贴上标签，打上封条，装上货车。我突然想起了那天阿爸所说的未来。

阿婆家里那张我从小睡到大的木板床像是张开怀抱迎接着我，而我就像是溺水的人，在睡眠中不断下沉。有天傍晚我醒过来，舟车劳顿带来的疲惫还没散去，我磨磨蹭蹭地来到天井里，潮湿的空气里有一股淡淡的霉味涌入鼻腔，让人感到熟悉和踏实。

晚饭是油豆腐炖溪鱼、笋干炒肉丝、炒河虾和青菜。我心心念念的油豆腐放在电磁炉上热着，咕嘟咕嘟冒着泡。我跟阿婆讲德国的事，讲他们的食物，讲柏林地铁里查票的警察，讲在学校点名的老师总把我的姓“阙”念成“盖”，讲根叔根婶和阿东。阿婆一直在听，有时候被我逗得大笑。她也给我倒了一点白老酒，喝到微醺的时候我一直在说话，恨不得把这几年一股脑儿倒在桌子上。

酒足饭饱，阿婆收拾碗筷去天井里的水池清洗。我瘫坐在门口的老藤椅上，面对着天井，左右都是幽深的走廊。也不知道是因为时差还是酒精，我觉得飘飘忽忽的，不知怎么就走过幽暗的廊子，从侧门闪出了老宅。看到了安安家的屋顶的时候，山里的冷风吹得我一个激灵。

安安家的大门虚掩着，似乎是张着的嘴，只等着把我吞噬。像是无数个小时候的夏夜，我甚至没敲门就直接闯了进来。安安阿爸和村里几位长辈正吃着饭，眼睛齐刷刷地停在我身上。等我觉得失礼已经完全来不及，站在门口直愣愣地不知道说什么。安安阿爸倒完全没见外，特别热情地问我什么时候回来的，吃饭了没，要不要一起。我满脑子只想着安安，大脑飞速组织借口准备逃离现场。恰好安安从厨房端着菜出来，瞧见我愣了一下，说了句“等一下啊”，就像是我们俩约好了似的。安安过去跟她阿爸说了句什么，然后招呼着我往外走。

那个时候我的脸一定红透了，血液直冲上头顶。安安轻巧地从门缝中闪了出去，我傻乎乎地跟着，都忘了跟屋里的长辈打个招呼。安安一直走在我前面两三步的地方，似乎故意走得很慢等着我追上她，但我不知道追上她要跟她说什么，就这么一前一后地走了很久。快出村子的时候她突然停下，回头对我说：

“你还好吗？”

我现在30岁，难以想象我会面对一个女孩子说爱她。那时候我18岁，我对安安说，我爱你。暑假过后安安要去江西念大学，我回德国念高三。那段感情几乎穷尽了我这一辈子所有的浪漫细胞，我开始跟阿爸厂里的师傅学着做竹扇，想临走的时候送给安安做定情信物。我在扇子上画了山与河，扇柄上刻上了安安的名字。安安说我应该刻我的名字，正好可以让她握在手心里。

9月份我回了德国，和安安像所有的跨国恋情侣一样开始经历时差带来的沟通问题。这份感情从我18岁开始持续了整整6年，在安安大学毕业之前变得让人疲惫不堪。那时我在根叔的贸易公司里打工，正在申请去慕尼黑读研，安安考上了公务员，我们谁都不愿意为了对方放弃未来。安安交到了不少朋友，经常去逛街玩到很晚，有时我打电话过去能听到许多年轻的声音在背景中忽近忽远。冬天的时候我开始焦虑，柏林下第一场大雪的那天，我给安安写了最后一封信。

我们终于走到一起，拼命抓住对方的手，最终还是走散了。

失恋对我的打击全然没有预想的盛大。我没有再试图用网络联系安安，只是偶尔夜深的时候我会下意识地看她的QQ头像还亮着，签名栏里更新了哪些鸡毛蒜皮的小事。半年之后的某个下午，我从书架上发现了一封当时没有寄出的情书。缱绻情意让我突然意识到，这段感情自始至终，都是我在努力维系着。当我不再打电话不再写信，她连同溪排的一切都在我的世界里戛然而止，变得与我无半分关系。这种巨大的绝望和孤独感像是一把剑，直接刺穿了我的胸腔。

## 百草茶①

石菖蒲、山苍柴、坚七柴、山木通、食凉撑、倒妞刺、鱼腥草、大发散、金锁匙、鹅掌柴、黄生芩、马蓼草、樟树叶、插田妞、六月雪、地茄儿、珍珠莲、水桐子、黄栀根、地风蓬、牛舌草、墙络、陈骨皮、铁火叉、野棉花、桂皮、艾叶、麦冬。

2015年春天，阿婆走了。过年的时候我在忙着办移民而没回国，阿爸说年三十祭祖的时候，阿婆已经下不来床，让人从老宅侧门抬出去，又从正门抬进的正厅。大年初一阿婆给我打电话的时候很清醒，跟我说今年溪排冬天特别冷，早上醒来想喝水的时候会发现床头的茶杯里是冰。我在电话那头安慰她，让她等我暑假回去，她说好的呀。

阿爸说老太太度不过去这个冬天了，已经在准备后事，让我在德国安心工作，不要分神。阿婆非常争气地熬过了整个冬天，终于在5月初的一天深夜，带着所有的不甘走了。她病危的时候我花了20个小时赶到杭州，没来得及见她最后一面。

阿婆头七那天我拿到了居留身份，公司一大堆事情等我回去，但我根本没有任何心思回柏林。阿婆留给我了一只金镯子，一把旧木藤椅，还有一包配好的百家茶叶。阿爸说那是阿婆在最后的日子里托村里人上山去配的，只配了我这一份。

我蹲在老宅的青石地板上，开始痛哭。我从未如此深刻地想念一个人和一段时光。阿婆同溪排的一切不断闪过。我行走在水中，只身一人，回头看陆地已经消失，前方只是不断重复的风景，层层叠叠，没有尽头。

---

① 文中部分草药名称为当地人叫法。松阳端午茶的主要成分为藿香、桑叶、陈皮、蒲公英、菊花、金银花、鱼腥草、淡竹叶。具体配方及测定功效可参考《“端午茶”的保健功效及新凉茶开发》，浙江大学硕士论文，2014年。

# 皮村文学故事之一瞥

张慧瑜

皮村是北京东五环外的一个嘈杂的城乡接合部，这里有很多加工厂，主要是家具行业，也有很多出租房，租给外地人。本地人口大概两千多，外地人却有两万，因为这里租房便宜，距离城区又不是特别远，除了在本地工厂打工的人之外，也住着很多在城里上班的打工者，他们坐两个小时公交就可以到达市区。工友之家是一家致力于为打工者提供文化服务的公益组织，2002年由打工青年艺术团发起，一开始在北五环的肖家河地区，2005年那里拆迁，他们又搬到离城市更远的皮村。皮村的特点是靠近首都国际机场，正好处在飞机降落的航道上，每隔三五分钟就有一架飞机从头顶上低空飞过，伴随着巨大的轰鸣声。

2014年9月，工友之家开办了文学兴趣小组，承担文艺小组、摄影小组、电影观看、图书借阅之外的文化服务活动。每周日晚上7点半，那些对文学写作和阅读有兴趣的工友们便会来听课，授课老师则是从城里来的在高校、科研机构工作的老师、作家或艺术家，我也是其中一名从“城里”来的文化志愿者。2014年秋天到2015年秋天主要由我来上课，2015年到2016年我去美国做学术访问，由孟登迎和刘忱两位老师张罗更多的朋友来这里提供文化服务，2016年秋天我回国之后，也继续和朋友们一起做文学分享。直到2017年4月底因为《我是范雨素》的文章在微信公号上成为红文，使得范雨素和皮村文学小组曝光在大众媒体的聚光灯之下。半年多过去了，对于这些从事文学写作的普通劳动者来说，媒体的关注让他们获得更多讲述自己故事的机会，但也带来一些意想不到的“烦恼”，反而打破了两三年以来形成的某种默契和氛围。

我想说说文学小组的召集人付秋云。小付年龄很小，二十来岁，个头不高，但很干练。最初成立文学小组，是她的主意。她原来在其他地方打工，后来参加了工友之家举办的培训学习活动，就留在工友之家成为一名社会工作者。小付的日常工作是负责打理文化艺术博物馆参观、图书室借阅、电影放映等。有一次，一位工友向她提出能否开办一个文学写作课，

范雨素火了之后的皮村文学小组课
供图：皮村文学小组

让那些对文学有兴趣的工友也可以学会写文章。于是，我在微信上看到朋友转发的招募文学小组任课老师的通知，就投了简历，使得我有机会和普通工友一起开始一段文学交流的旅程。小付是文学小组的班长，我每次来，她都提前把电脑和投影仪调整好，还让来听课的工友签到，鼓励大家来听课。一开始来听课的有十几个人，徐良园、范雨素、王春玉、王修财、苑伟、李国富、王建、郭福来等，大多住在皮村或皮村附近。

其实，我并没有讲太多文学写作技巧，因为我总觉得文学不是教会的，上课的主要内容是文学经典鉴赏和讨论，然后就是鼓励大家多写作。正是因为有了文学小组这样一种形式，很多工友开始大胆地写作，我也把大家的作品放在每次课中讲授，让写作者朗诵自己的作品，然后大家一起来评点，这更像一种在国外社区文化中常见的文学分享会。这个过程中，小付扮演了重要的角色。很多工友不会电脑打字，或者根本就没有电脑，依然采用手写的方式，小付就把大家交的手写作业打成电子版，包括《我是范雨素》这篇文章，也是小付利用工作间隙打出来的。大概2014年底，小付也主动把大家的作品投给一些关注工人文化的网络公号，这给初次尝试写作的工友们极大的鼓励，原本只是想文学小组成员之间相互交流，没想到还会借助互联网平台发表出来，这使得这些普通劳动者的写作变成了一种具有公共性的文化行为。这些作品表现了他们自己的生活，也给当下中国留下了独特的历史记录。

最初，我会特别让大家写自己的故事、身边人的故事，从熟悉的人和事写起是最容易、最有真情实感的。我记得小付也交过一篇作业《随写心记》，写她在工友之家工作五年的人生困惑，从她对社会工作的迷茫，到她独立举办一些工人文化活动，我能感受到这个小姑娘的自我成长，这篇文章的结尾是："总的来说，这五年来对我的成长影响很大，使我成为有自主思考能力的人，成为一个有自由之身的人，成为一个不再以经济金钱为主要生活方向的人，成为一个不再像机器那样拼命挣钱的人，成为一个不像千千万万的工人那样日复一日重复劳动的人。"我想，这不只是小付自己的故事，也是文学小组很多成员的心路历程。

我还记得文学小组有两个比小付还年轻的小姑娘，一个是子怡，一个是晨晨。她们还不到20岁，也和小付一样，是参加工友之家的培训之后留下来工作的。子怡身体有残疾，在二手超市的库房挑拣衣服，晨晨则是跟着小付在工会工作。每次课子怡和晨晨都来得很早，两个人像亲姐妹一样，坐在一起。她们有着各自人生的不幸，在参加文学小组之前，也从来没有写过东西。

子怡是个多愁善感的姑娘，她给自己起了一个笔名叫"寂桐"。寂桐有寂寞的含义，也有像梧桐一样坚韧的意思。寂桐写了很多伤感的爱情诗歌，她在自己的诗歌中渴望爱情，又在现实的落差中体认着爱的不可能。如《相伴》中"天空没有永恒的晴朗/乌云 雾霾/是它的不速之客/但永远挂着太阳/夜空不一定美丽/星星 月亮/却对它不离不弃/如果你看不见没关系/那就换个角度审视自己/看吧 望吧/你的背影已远去/相伴的是来时的行李/是我对你最深的记忆"，用日月星辰来隐喻不弃不离的相伴。还比如《梦境》中"一个人/一件事/一段情/重演在每个夜晚/清晨 清晨/打开紧闭已久的双眼/环绕依旧不变的房间/却发现原来是在梦里面"，梦里、梦外是寂桐诗歌中经常出现的双重世界。还有《石・雨》中"石和雨的相遇/注定会溅起血色的痕迹/觉醒吧/沉睡已久的石头"，寂桐把爱的刻骨铭心描写为"血色的痕迹"，这也是水滴石穿的彻骨之爱。寂桐的诗歌很受大家的欢迎，很多朋友都没有想到寂桐有如此充沛、炙热的情感。隔壁文艺小组的工友李小杰把寂桐的诗歌《我想牵上你的手》谱成了曲，变成了一首情歌，后来在2015年夏天举办的"劳动者的诗与歌"中演唱，那句"你是我的魂，我是你的魄"感动了很多人。

相比寂桐的忧郁，晨晨更像一个无忧无虑的大女孩。晨晨也是留守儿童，不到18岁就出来打工，她总是有说有笑，给自己起了一个笔名"雪婷"，是一个美丽的名字。雪婷的诗歌更像少女的畅想曲，对未来充满了乐观的想象，如《我是一支刚从土里

右 皮村文学课工友朗读作品
左 皮村文学课
供图：皮村文学小组

冒出的嫩芽》《亲爱的我想对你说》等。其中《我愿做一只小鸟展翅飞翔》有这样的诗句："我是一支刚从土里冒出的嫩芽/当我刚冒出来的时候我欣喜若狂/恨不得把所有没有看过的东西全部看一遍，每天欢天喜地！"有时候晨晨也写一些哲理意味的诗歌，如《旅行》《活着》《牢笼》《脆弱的灵魂》等。晨晨多才多艺，还学习弹吉他、吹葫芦丝等。记得有一次群众文艺演出活动，晨晨落落大方，一个人主持整场晚会，一点都不怯场，很自信。就像小付一样，晨晨也在组织活动中慢慢成长。

2016年9月我从美国回来，文学小组有一些成员已经离开皮村，也来了一些新成员，如路亮、小海、李若、苑长武、马大勇、李小抠、万华山、傅海声等。范雨素大姐成名之后，又有一些朋友慕名而来，如金红阳、张有为、陈希望、徐克铎等。除了这些文学小组的骨干成员，我想向曾经来文学小组授课的朋友们致敬，他们是刘忱、孟登迎、李云雷、师力斌、黄灯、张朝霞、符鹏、沙垚、王洪喆、西元、郝庆军、鲁太光、王伟、谢俊、彭敏、袁凌、冯睿、王永健等，还有我不知道名字的朋友们。

2017年春节子怡回家过年，就没有再回北京，她留在老家生活，偶然会把写的诗歌从网上发给我。春天的时候，我听说晨晨谈恋爱了，也跟着男朋友离开了皮村，去寻找自己的生活。小付还留在工友之家，范雨素大姐出名的那段日子，她沉着地应付着全国各地的记者。2017年底，小付也谈恋爱了，是她的同事，一个腼腆的小伙子。2018年春节过后，我听说他们要结婚了。生活还在继续，皮村文学小组的故事也在继续。

# 皮村文学小组两篇

郭福来　李若

右　李若参加2016年打工春晚朗诵节目
左　郭福来参加2016年打工春晚
供图：皮村文学小组

## 因知天命紧扬帆

因知天命紧扬帆，离去应无憾。

——题记

岁月匆匆，好像转眼间，我已年届五十。回首这些年走过的路，恍如暗夜里潜行，又似迷雾中冲撞，懵懵懂懂，磕磕绊绊，看不清前进的目标，找不到努力的方向……

### 脸颊瘦削的语文老师的讲解，让我感悟了文学的魅力

在我上初中时，数学老师是个30来岁、皮肤黝黑的胖子，他在讲解数学时，总爱先把例题抄在黑板上，然后，一步一步地解下来。开始，我还能听懂，后来不知道在哪一步犯了迷糊，慢慢地坠入了云里雾中。再后来，也就不愿意上数学课了。语文老师是一位50岁左右、脸颊瘦削、戴一副深度眼镜、短发斑白的瘦弱男人。他的一口带有我们本地方言的普通话，

音调高亢曲折。坐在最后一排的我连每一个字音都听得清清楚楚，在讲每篇课文时，他都会把这篇课文涉及的成语、典故及传说等声情并茂地讲给我们听，记得在学一篇有关闻一多先生的语文时，他鼓励我们模仿“灯光漂白了四壁”[①]这句诗来写句子。有的说春风吹绿了田野，有的说园丁种下了希望。老师微笑着一一点评，当有个学生说农民穿上了衣裳时，老师问那个同学，难道农民原先不穿衣裳？顿时，全教室哄堂大笑，那个同学红着脸说农村实行责任田后，农民生活好了，都有新衣裳穿了，老师听后沉吟了一会儿，说理是这么个理儿，你可以改成农民住上了新房，农民鼓足了干劲儿，农民火红了日子，农民丰满了粮仓或生活……在轻松愉快中，老师把语文课讲得那么生动，让我总是期待多上几节语文课吧！

现在想来，我对文学的兴趣应该源于语文老师春风化雨般的讲解，感谢语文老师培养我通过美妙的文字感知文学的魅力。

### 18岁，18岁，我参军到部队，红红的领章映着我开花的年岁

初三毕业后，我告别了学校。不再每天早起，也不愿再摸课本。看着窗外自由的飞鸟，耳边常常想起父母的唠叨，年纪轻轻的整天窝在家里，能有什么出息！

我像羽翼丰满长大了的燕子，也渴望去广袤的天空下闯荡、翱翔，可我没有方向，没有目标，又怕遇到风，遇到雨，遇到不可预知的灾难。老屋虽旧，却生活了十几年，依恋着不愿走。直到10月初，听说县里征兵，我就想或许部队是一个能成就人的地方，于是毅然报了名。这年冬天，我和一百多名同县的年轻人一起乘坐绿皮火车来到了位于晋中山区的军营。看到一排排整齐的营房，看到一门门威武的大炮，听到铿锵有力的军号声，听到战友们整齐而嘹亮的口号，我心潮澎湃。军营，是一片充满活力的天地，而我正如山谷上盘旋的雄鹰，要在这里成就一个崭新的自己。我努力做好日

① 闻一多原文为“灯光漂白了的四壁”。——编者注。

常工作，积极帮助有困难的战友，在打靶训练中，别人嫌地上有土，怕弄脏衣服，我不怕。在寒风中，我一遍遍地摸索动作要领，终于以良好的成绩获得了领导的表扬。不久，我光荣地加入了中国共产党。在党旗下宣誓的时候，我告诉自己：未来还应更加努力。

再后来，营长选了五名学习标兵（其中就有我），安排我们去旅部参加士官考试，在宽阔的大礼堂里，当考卷发到我手上的时候，我傻了，因为这些数学题我一个都不会，只得把语文和政治试卷仔细地答了。结果，同去的五个人有三个考上了军校，而我是剩下的两个人中的一个。

那是一个阳光明媚的下午，我请了假，在军营附近村里的小卖店里买了一瓶莲花白酒和一袋花生米，独自一人爬上了高高的绵山。回看树木葱茏的山谷，听不远处溪流哗哗，阳光下，有雾霭飘升，如云朵。我坐下来，猛喝了几口酒，冲着夕阳发出一声长啸，吓得几只松鼠窜到了树下，惊慌地支着耳朵、翘着尾巴看着我。我摸起一个石子朝它们掷去，它们紧跑几步后，又回身看我，是嘲笑我吗？我索性拿起更大的石块朝它们追过去，它们四散奔逃。

再后来，我就复员回了老家。

## 困苦的生活里，我爱上了读书

结婚后，我和父母分家单过。那时，我手里不光没有钱，还因结婚欠下了两千元债。苍老的父母说让我还，我只好应下。为了挣钱，我找到了村里的包工头，求他带我去干建筑。

一开始，他让我给大工供砖，一块红砖约5斤，一车要推80块，自己装自己卸，垒到高处时，还要两块一摞地扔到脚手架上。一天下来，我手上的血泡磨破了好几个。晚上拿筷子时，手都颤抖。为了挣那一天7块钱，第二天我又去了，包工头看到我的手磨出了血丝，很照顾地说，要不，你去和泥吧。我抓铁锨把时，感觉比摸红砖舒服多了。就这样一天下来，也是累得腰酸背痛，但我依然在坚持着。

农耕时节，我和父母要了6亩承包地，我也学着村里人的样子，种上了庄稼，一场雨过后，我的庄稼地里满是杂草（那时还不兴锄草剂），稀稀拉拉的玉米苗被杂草欺负得矮弱细黄，我和妻子便带了干粮和水，一人一把锄。早晨去，天黑回，最难挨的是中午时分，太阳亮亮地、旺旺地、无私地把光和热倾洒在大地上，还有我们身上，晒得我汗流浃背，裸露的胳膊上都起了水泡。妻子也是满头大汗。我想跟妻子说，要不咱不干了，歇会儿。但看着满地茁壮的杂草，只好把这话咽了回去。妻说咱一次锄20步，谁先锄完谁休息。我看了一眼她略显瘦弱的身子，知道她是给我鼓劲，我一边说行一边抡起锄头猛干，不一会儿，我便锄够了20步。回看妻子才锄了有10步的样子，于是，我调转头去帮她锄草。锄完后，看着累得气喘吁吁的妻子，我说歇会儿吧！妻说别急，咱检查一下质量，没把草锄下来，岂不白忙活了。检查结果是我没锄下来的草特多。妻说你看你干活这么不仔细，能成就大事吗？我低着头，讷讷地说老婆教训得对，今后，我一定要干活仔细，工作认真。妻子扑哧一笑，说，行了，别跟小学生做检讨似的，走，咱去地头树底下凉快一会儿吧。

在冬闲时，我买了一辆人力三轮车，先是围着各村的垃圾点拾废品，后来也收废品。在那时，我觉得这是投资小、收益快的好办法，尽管好多人以异样的目光看我。

在废品收购站，我发现有很多报刊、杂志上的文章写得很好，很耐读。于是，我就选出来打成一捆，让老板过秤收钱，带回家如饥似渴地读完再卖回去。（记得那时是六角钱买的，看完后，三角钱卖回去。）妻子发现后，就训我，还过日子吧？看书不影响挣钱啊？于是，我便躲着妻子到房后看，到地里看。

那一篇篇精美的文章，像花色各异的食品越来越诱发我的欲望，我就纳闷，不就是几千个汉字排列组合，为啥能呈现各自的美？我想起了语文老师教给我的分析方法，我把精彩的文章一段段地分析，然后总结。再然后，我就把收来的干净废纸订成本，模仿着写。

后来，我在吴桥县城里结识了发表过作品的朋友，便把我的作品拿给他（她）们看，并请他（她）们代为投稿。偶有几篇发表，我把稿费单递给妻子看，妻子嗔笑着说，我早就知道，你背着我胡写乱画的，没想到还真能挣来钱。行了，看书去吧，今晚上奖励你好吃的。

## 土地上丰盈的收成，填不饱我空旷的胃。无奈，我背井离乡漂泊北京

在我46岁的时候，刚过完春节，妻子就为我打点好了背包，催促我和老乡一起

到北京打工。我舍不得离开生活了多年的老家，虽然不富裕，却感觉很温暖。勤劳的妻子，懂事的孩子，还有那只温顺的小花猫，都是我的牵挂，可是，为了生活，再舍不得也得离开。因为，我那种了20多年的几亩地还是老样子，产量也不再增加，粮价也稳稳地一如20年前。可是，柴油、农药、化肥、日用品却疯长成了一座大山，压弯了我的腰，压低了我的头。我把泪水滴进故土，愿故土原谅我的离别。无奈啊无奈，故乡的土地啊！你不是贫瘠，你像我少言寡语的父母，你尽自己最大的努力捧给我粮食。可是啊，你丰盈的收成却填不饱我空旷的胃。

来到北京皮村后，我在一家做展览的厂子里做电焊工。整天和冰冷的电焊机、铁管、方钢打交道，感觉很枯燥，当看到我们没日没夜加班加点辛苦制作的造型各异的展品摆放进北京以及全国各大城市装修得富丽堂皇的酒店、展厅时，当看到络绎不绝的参观者由衷地赞叹时，我很欣慰，知道自己的付出没有白费。而当短暂的会展结束后，我们又奉命拆除，为了装车时压缩空间，我们会把大件拆解。看到曾经的美丽，瞬间化作一堆废品，我真的很惋惜，可面对现实，又有什么办法呢。这点有些像我看到的城市的建设。本来人们感觉很雅致的建筑景观、很新的楼房、很让人留恋的古建，可是，为了所谓的规划，说清除就清除，给人们留下了太多的叹息和怀念。

下班后，和工友们聊起来，有的说下班后没事干，喝酒逛街；有的说打麻将，买彩票；有的说你跟老吴学习啊，搬个凳子，往路边上一坐，脖子像转轴，眼睛像钩子，无论是美女还是靓车，先远远地瞟着，再紧紧地盯着，然后，再恋恋不舍地送走，也不花钱，也不费力，多好。

我说我想看书，这附近有吗？工友老宋说有，离这不远有个图书馆，就在工友之家院内，那儿书老多啦，还免费，随便看。我问他那你常去吗，他说不常去，哪如看手机呀，手机上嘛都有，我跟他说手机上的资讯、文章太轻浮，一会儿就飘走，而书本却沉甸甸的厚道而朴实地等着你去捧起它，和它交流。老宋说好好好，下班后我领你去。

工友之家坐落于皮村北路边，院子很宽敞。夜晚，枯黄的灯光柔柔地铺满院落，我踩在灯光上，感觉像踩上了迎宾的地毯。图书馆位于北面一排镶满玻璃的屋内。接待我的是一位身材娇小、口齿伶俐的姑娘，她说：“我叫付秋云，欢迎你来工友之家看书，我们这呢看书免费，不要工友一分钱。噢，对了，如果你在工作或生活中遇到什么困难，跟我们说，我们会尽最大的努力帮助你。嗯，也是免费的。”听她说完，我不敢相信自己的耳朵，在当今物欲横流的社会，哪里能离得了钱，这么多免费的好事，我长这么大，还是头一次听说。我怀疑地审视着付秋云的脸。她微笑着，满脸的真诚像极了我的小妹妹。我说还真有个事，想请你帮忙，是我来得匆忙，忘了带汉语词典了，请你帮我买本词典。“噢，这样啊，你别着急，等有工友捐来汉语词典，我马上通知你，不收取一分钱的。”她顿了顿，问我要词典做什么。我告诉她我偶尔爱写些小文章，遇到不明白的词便需要查一查。她听了，兴奋地拍起手来。“太好了，我们工友之家有个文学小组。每周日晚上有老师来上课，学生呢，都是在皮村附近住的爱读书爱写作的工友。欢迎你来参加我们的文学小组。”

记得我第一次参加文学小组的学习，是在一个春雨霏霏的周日晚上。那一晚，天空中没有月亮和星星，只有飘飘扬扬的雨滴打在脸上，感觉凉丝丝的，没有路灯，很黑。我用手机照着路，怀里揣着我的习作稿，深一脚浅一脚地往工友之家赶。来到院子，隔着课堂的窗户玻璃，我看到一个戴着黑边眼镜，留着寸发，胖乎乎、白净净的老师，正用他那柔和而充满磁性的声音为学生们讲解一篇文章的写作特点。那情景让我恍如又回到了三十年前，听语文老师讲解课文。三十年啊！我孤独地在暗夜里行走。心中时时回忆那份温暖。我轻轻地敲了敲教室的门，老师很清脆地喊了声请进。我迈步进了教室，只见明亮的灯光下，课桌旁坐满了年龄大小悬殊、高矮胖瘦不一的男女学生，老师亲切地说欢迎新同学加入我们的课堂，并叫我做一下自我介绍。我按捺住怦怦的心跳，激动地说：“我叫郭福来，来自河北吴桥县，现在是一名电焊工……”老师问我带了作品吗？我赶紧从怀中掏出习作。我恳请老师：我的字写得乱，我能给大伙读一遍吗？老师赞许地微笑着说可以。

在我读完以后，同学们和老师报以热烈的掌声。啊！第一次听到这么多人对我作品的赞扬。我挤了个空坐下，旁边是一位瘦高个、黑脸膛、戴一副大近视镜的汉子。他和我握了握手，自我介绍说姓苑，看不出你这天天握焊把和铁料打交道的手，居然能写出这么细腻的文字。在后来的学习中，张慧瑜老师总爱微笑着鼓励我们多写新作品，在课堂上分享并认真、仔细地分析评论作品的优缺点，他很亲切地称这是交作业。比如在分享马大勇写的上万字的《雪狐亭》时，慧瑜老师读一段，讲解一下这段的写作思路和生动的用语、形象的描述，以及美中不足的地方。还有研读国内外作家的作品时，慧瑜老师都讲得头头是道，剖析得精致入微，让我受益匪浅。一堂课两个多小时，都是慧瑜老师不停地讲解，我们像享受阳光雨露的禾苗，积极地感知那份滋润。来文学小组上课的老师还有刘忱老师、孟登迎老师、师力斌老师、鲁太光老师、秦晓宇老师、淡豹老师、西元老师、李云雷老师、袁凌老师……

一晃三年过去了，经过文学小组课堂的历练，我的写作水平有了很大提高。其间也发表了一些作品，获得了一些稿费。有人劝我干脆辞了电焊工，专职写作。我淡淡地笑了笑，告诉他还不到时候。虽然没日没夜地工作累得我腰酸背痛，虽然电焊的火花已经影响了我的视力，虽然能发表一些作品，获得一些稿费，但是，我知道，我离专业作家还差得远呢，还有很长的路要走，要靠我一边努力工作，一边积极学习，能否有所成就，由天吧。我自耕耘，不问收获。

2018年1月的门槛即将迈过，我50岁的门槛也已到来。古人说：五十而知天命。面对一事无成的我，我一遍遍地问自己为什么那些年走过那么多弯路，陷在泥潭里消耗了我的青春岁月。唉！过去的事，不可能再追回，活好现在，展望未来，虽然未来于我已时日无多。但是，秉烛夜读良有已，半路扬帆可借风。到我离开这个世界的时候，只要能对自己说不要再遗憾也就知足了。

郭福来

2018年1月29日写于北京皮村

## 我比一片羽毛更飘荡

初中毕业的时候我16岁，身高1米56，体重31公斤。嫂子和我开玩笑："你有什么用啊？养十多年白养了，一个猪仔都比你重。"

一次，伯父让我和他一块儿去供销社抬一包50公斤的化肥。其实抬的时候重量都在伯父那头儿，我只是在前面起到一个能架空化肥往前移动的作用。从供销社到家有两里多地。我走到半路就抬不动了，抬化肥的杠子比我大腿还粗，肩膀被压得火辣辣地疼，脖子直不起来，腰也越来越驼。我走几步就要停下来歇一歇，喘口气，再走几步又要歇一歇，喘口气。伯父急着要回去耕田，一个劲儿地催我，嫌我磨叽。本来一个小时就能回来的，已经超出了一半的时间。

后来伯父说我，早知道你这么没用，我就不让你抬，我一个人背也能背回去。走着走着天下起了雨，我们还没有到家。我被一包化肥压得直哭，脸上也不知道是泪水还是雨水。

这件事在村里传开了之后，我就成了没用的代名词，村里的人教育孩子时说，你别比玉儿还不中用。

我可能是我们村的异类，别人家像我这么大的女孩子家务活干得溜熟：洗衣、做饭、喂猪、挑粪、浇地、割稻样样行。我却只喜欢看书，和面擀面条的时候，我一边和面一边看下面垫着的报纸，绕着桌子转圈直到把一张报纸看完。去别人家串门的时候，人家墙上糊的报纸书籍，只要是带字的，我都要看完才走。

我爸爸妈妈都愁死了，干活没力气，做家务活又不行，你以后怎么办呢？我妈说我，以后早上起早点，站在屋顶上，刮西风脸朝西，刮北风脸朝北。我问为啥？妈妈说，喝西北风啊。

龙叔甚至和我开起了玩笑，他说玉儿我给你找一个职业吧，像你这样的身体，体力活儿你干不了，你只能干那个。我兴高采烈地问他，你快说说是干吗呀？龙叔说，你在街上摆个算命摊，给别人掐八字算命，那个就是动嘴皮子不用出力，算得准，你就成了李半仙。我撇撇嘴，才不听你的，我要靠脑子养活自己。

那年暑假我天天都在家里。我要学写小说，我要成为作家！又有人讥笑我，老鹰抓牛——不是那样的爪子。

我偏不信那个邪。外面蝉鸣声声，我在家写得汗流浃背，终于写完一个中篇。我记得很清楚写的是我叔叔的故事。当然那时候我也不知道到哪儿投稿。写完之后我放在了一个小木箱里，和几根漂亮的羽毛放在一起，塞在床下。

几年后，我辗转在广州的鞋厂和苏州的电子厂打工。记得刚出门打工的时候我依然很瘦，表妹带我出去的时候，都担心我受不受得了，特意让我带够返程的路费。

在鞋厂打工期间，晚上加班到11点是常态，下班回去排队接水洗澡洗衣服，做完这些12点多了，赶上水流小的时候，拖到一两点才睡也是常事。每天宿舍、车间、饭堂三点一线地重复，人快成了机器，大家麻木地活着，看不到书和报纸，工友们没有时间看，也没有时间思考，我几乎和文字绝缘，也早已放弃了作家梦。理想，遥远得像天边的星星。

当青春在流水线上快流完的时候，我想趁年轻多去几个城市看看。最想去的就是北京，因为北京是中国的政治、经济、文化中心，有三千多年的历史，还有众多的名胜古迹。

2012年春暖花开的时候，我来到位于东北五环外的朝阳区皮村，投奔20世纪80年代就到北京的表哥，成了无数北漂中的一员。没想到这一来竟然来对了！皮村有个公益组织叫工友之家，工友之家有个兴趣小组叫文学小组。

文学小组是2014年下半年成立的，我那时候没有参加，后来去旁听了两次，每次都听到一半就走了，原因是有个别学员很嘚瑟，老师讲着讲着他插句嘴，或者讨论某个问题时他滔滔不绝，只有他说话的份儿，老师也不好打断他的发言，没有人阻止，话题东扯西拉越扯越远，半天绕不回来。我是来听老师讲课学知识的，不是来听吹牛的。后来就干脆回去看书也不参加文学小组了。

工友之家图书室有很多书，还有一个书库，对爱看书的人来说，这简直是精神盛宴。这下子可够我看了，我可以好好在书海遨游。

这几年我看了很多书，我比较喜欢看历史的，因为读史可以使人明智。我看过《中华上下五千年》《明朝那些事儿》《万历十五年》《历史是个什么玩意儿》，我还看过很多其他的书，包括养生的和菜谱，文学书看得更多了，有的顾不上看就借回去放在办公桌上或者床头，及至最后都堆了好高一摞，闲下来的时候就随便抽一本出来读几页，碎片化阅读。

2015年下半年，网易人间的编辑来文学小组约稿，大家写的东西少，负责人小付很着急，在办公室和宿舍到处喊：你们快写稿，有稿费啊。我正好有一篇写姐姐的随笔，一个字没动就交上去了，没抱什么希望，只是凑个数。没想到交上去的10篇稿子中，只有我的文章发表了。我这才开始参加文学小组，从前总觉得拿稿费是离我很遥远的事，写得高大上的才能发表，我总认为我写得上不了台面，没想到我写的东西也可以发表！我从此爱上写字，写的都是打工的和农村的故事，基本上就是底层、弱势群体的生存状态。

2015年的时候我加入了文学小组，在文学小组的学习过程中，我后悔为什么不早点参加，大有相见恨晚之意。皮村，成了我的福地，我在这里找到了组织，遇到了一群志同道合的人。

最早的文学小组志愿者老师是张慧瑜，张慧瑜老师毕业于北京大学中文系，先在中国艺术研究院工作，现在在北大任教。如果用一个词来形容他，我觉得用“灵魂高贵”最贴切不过。

他从第一堂课开始，每周日7点半到9点半，风雨无阻开车穿过大半个北京来皮村给工友们上课，并在2016年去美国游学时发动了他学者圈子中的许多朋友来给我们上课，文学小组才没有中断，这些志愿者老师有刘忱、梁鸿、卜卫、孟登迎、李云雷、黄灯、师力斌、雷磊、崔柯、王洪喆、符鹏、沙垚、谢俊、秦晓宇、西元、张朝霞、淡豹等，我都记得他们。

文学小组里也是人才辈出、藏龙卧虎，除了声名远播的范雨素大姐，还有郭福来大哥、小海、万华山、苑伟、徐良园、金红阳、傅海声等，他们每个人的文章都可圈可点。

2016年“劳动者的诗与歌”晚会，原定的主持人是福来大哥和我，后来福来大哥要加班请不动假，改成我和苑老师搭档，我知道福来大哥很遗憾，发了很多现场照片给他。几天之后是中秋节，福来大哥中午给我发微信说晚上请我吃饭，结果过节老板也让工人加班，一直加到8点才下班。福来大哥匆匆赶来大门口，工作服都没来得及换，我能看得出来他很疲惫，却无能为力，多么希望他能找到一份轻松一点的工作啊！福来大哥在工厂里是电焊工，整天和角铁、钢管打交道，早上7点上班，加班到晚上12点，干的是苦活、累活，但是他在作品里从不悲情，身在苦中，却不诉苦，把苦日子也要当歌唱这一点很让人敬佩。

福来大哥其貌不扬，写出的文字却温柔、细腻，是文学小组的才子型作者。2017年打工春晚文学小组上诗歌朗诵，人员确定下来之后，每个人朗诵一首自己写的作品。但是这场诗朗诵是一个整体，得有连接词连着，这个任务当仁不让落到了福来大哥头上，福来大哥用一个晚上的时间就把连接词写好，让我们叹为观止。

福来大哥就住在皮村，一个月房租480元，8平方米的旧瓦房，没有厨房和厕所。皮村本地人都靠收租子生活，名副其实的地主，没事就遛遛狗。皮村最近几年房子拆了建、建了拆，今天出去这栋房子被挖掘机推倒了，过几天再路过又原地建起来了，比原来的更高，这样可以多出租房间，多收租金。建筑垃圾遍地，但是GDP（国内生产总值）也起来了。做生意的都是外地人，房租节节高升，一些门脸月租金几千元，生意稍差点的等于是给房东打工，所以很多店铺经常改头换面，前一段时候是西域美食，过一个月又变成卖蒸香鸭的。普通住房单间月租金在400元左右，没有厕所，带卫生间的套间至少1000元以上。

皮村街上做生意的前三名是手机店、理发店和小吃店。每走几步不是卖手机的就是小饭店或者美发店。

每天早上5点多，皮村公交站黑压压的都是人，都是在市里上班的，因为北京市里房租太贵，和别人合租的话一个月也要三千多，加上生活费、话费等，工资还不够开支，所以宁愿来回在路上耗两个小时坐公交倒地铁，也要在皮村住。

我有三个表哥在皮村，他们早年在北京河里捞沙，后来跟老板刮腻子、刷油漆，现在都自己包活混成老板。在我来北京的前一年，三表哥在燕郊买了一套90平方米的商品房，当时6000元一平方米，首付12万元，以后每月交4000元月供。我去过一次，三表哥家在10层，有电梯，两室两厅一厨一卫，楼下不远就是大型超市。

二表哥在皮村人际关系好，前几年在村里租了一亩地，盖出租房收租金，日子也过得养尊处优。我曾经问过二表哥，为什么不像三表哥一样也买套房，二表哥回答我，我要那么小的房子有什么用呢？你三表哥是为了孩子上学方便。二表哥的出租房在2017年被村里收回，现在二表哥一家也租房住。

大表哥回老家花了20多万建了一座二层小洋楼，装修又花了十多万。但是表侄压根儿就没打算在农村待，建得再好装修得再豪华也不要。表侄说在小山沟盖栋别墅又怎么样呢，现在年轻人谁不是往城里去？有三四十万不如在城里买房子。

自从通州改成城市副中心，连带着燕郊的房价也水涨船高，三表哥在房价节节高升时果断把燕郊的房子卖了，白住了几年还赚100多万。老乡们说如果再晚几个月卖还可以多卖四五十万，估计三表哥的肠子都悔青了吧。

这三个表哥在北京奋斗了30年，这就是他们的成就：三表哥手上有100多万，大表哥在农村老家有一套房，二表哥有一辆价值十多万的车。

北京是一个生活节奏很快的城市。这从每天早上的上班早高峰大家用生命挤地铁就能看得出来。一开始乘地铁的时候我很紧张，心脏跳得扑通扑通，上地铁跟赶火车似的，时间久了习惯了也不慌张了。

有时我从地铁出来。来到某一个购物中心前，那高高的大楼，恢宏气派，抬头看不见顶。我看着扎着爱马仕皮带的男士和拎着LV包包的女士，走到那扇玻璃门前，玻璃门自动往两边退。

我总疑心像我这样一个穷打工的，那扇玻璃门会为我开放吗？当我犹犹豫豫地走到那扇玻璃门前，还好玻璃门也开了，我露出了微笑，原来它是一视同仁的，并不欺负一个从边远小山沟出来的打工者。这些年，我看到过像鸟巢、像水煮蛋、像裤衩的建筑物，但是从没有进去过。

不管是在苏州、广州还是北京，我都没有在当地安家落户的想法。第一，没有户口，也买不起房子，那是别人的城市，我只是过客；第二，我的亲人、朋友都在老家，老家还有我的一亩三分地呢，我还舍不得农村的土地。

我的出生地是一个叫“张洼”的地方，距离最近的市区100多里、离县城60里、离镇上10里。每次春节回家从市火车站先到县城，再到镇上，再到村里，用我的话说，就是回到了天尽头，回到一个在地图上都找不到的地方。

大部分年轻人背井离乡出外打工谋生活，留守的都是老人和儿童。发了财的就在外面买房，最不济也是在镇上买房，都不愿意回农村了。农村无可避免地凋敝了，现在农村最常见的景象是老大爷在前面走，背着犁牵着牛，老大娘一手牵着小孙子一手带着农具提着水杯或者带几块饼干，一起去地里干活。田野里看到的就是老人干活，小孩坐在田埂上玩泥巴或捉蚂蚱。

田间地头随处可见都是除草剂和杀虫剂的药袋子，他们买药不是一瓶一瓶的，是成箱成箱地往家搬。

村里很多人没听说过转基因，更不知道他买来的那些种子是不是转基因的，反正种什么就去街上买什么种子回来，听人家说哪个好就买哪个。像我们老家是丘陵地带，现代化机械还用不了，基本上靠人工，有的田地离家太远，老人们种的红薯、玉米等产量高、水分大，太沉的农作物是背不动、弄不回来的，人们只好就近种，哪块田不怕干不是沼泽地就种哪块，远处的田地只好抛荒，导致大片农田荒芜，好好的田里长满了草，有的竟然还长有树。

今年的稻谷收购价是一块一毛六一斤，花生两块一一斤，还没有人来收，有卖不掉之势。农民们都说，种田不划算，除了种子、农药、化肥和人工的成本，根本就赚不到什么钱。

年轻人都争先恐后在城里买房不愿意回农村种田，我可以理解，毕竟种田太辛苦，累死累活一年的收入还不抵在大城市打工两个月挣得多。我理想中的农村生活是有田有地，青山绿水，养几只鸡鸭，自己种点菜园。现实是垃圾遍地，到处是丢弃的塑料袋、一次性塑料杯子、饮料瓶及易拉罐。他们说在城市好歹能开个出租车或者找个超市上班，赚个零花钱，在农村就是死马一匹，连个就业机会都没有。从古至今都是水往低处流，人往高处走啊。

我还是觉得农村广阔天地大有作为，我想发展合作社搞团结经济，做生态农业。也许困难重重任重道远，但是我有责任把家乡建设得更美好，因为我热爱我的家乡，家乡才是我的根啊。

李若<br>2018年1月

# 人应该住在山上。节选

苏非殊

人应该和自然在一起。

我是5月份上的山。之前我一直在北京，住了有15年。有一天，我说，去山上吧，去自然里住，住到自然而然。去山上，我是想去学着放下一些东西，也想去学着分清一些东西，更想去学着靠近一些东西。我是去学习。正如梭罗所说："我到瓦尔登湖上去的目的，并不是去节俭地生活，也不是去挥霍，而是去经营一些私事，为的是在那儿可以尽量少些麻烦；免得我因为缺乏小小的常识，事业又小，又不懂得生意经，做出其傻甚于凄惨的事情来。"

世界上可能再也没有一座山像终南山这样，几千年来作为一所学校而存在。很多人过来，住上一阵，然后又离开。我刚去的时候，两间屋子里堆满了柴草，是偏房，朝南。门前的院子里也是很深的杂草，应该是好

打地基。我们计划在山上建的一个住所

摄影：李白

右　山上一处院子的外门
左　山上一处曾住过修行人的院子
摄影：李白

多年不曾住人了，正房也一直空着。房子是佛教协会的朋友向村民租的，租后也一直闲在那里，没去住。山上也还有不少佛道方面的出家人过来住，他们大多过来住上一阵就走。有的住村民的房子，有的住山洞，都叫住茅棚。

我把门前的院子用笤帚清扫了一遍，把扫到院子外边的杂草及其他杂物堆在一起，然后再点火烧掉。我把屋旁边的那个已经坏了的土灶用土加水加草和成泥重新修好。放上锅，加上水，试烧了一下。再在上面用彩条布做了一个顶棚，防下雨。我把院子前面路边的小水沟、杏树下那段填上一些土，加上几个石块，堵上水，用来洗手、洗菜及其他用。小水沟里的水平时很少，只有下过雨才会多起来。

水沟旁边就是棵大杏树，现在，树上的杏还很小，很青。沿路边过去，再往前一点，有一棵野樱桃树，就在那片竹林的后面。每天我都会用小碗去摘上一碗吃，红红的，有些酸，但很好吃。有几次走到屋后面的地边路上站着，抽支烟，看对面的山。

* * *

去西安。准备去镇上采购东西，山上还有好些生活必需品要买，这是个麻烦事。在城市，我一直喜欢去那种乱糟糟的人很多的菜市场或卖杂货的地方转。待在那里，看看那些菜，那些杂物，很舒服，很自在。去商场却很累。

引镇在山外面的塬上，离我住的山上有十多公里。山上住的人需要买东西都是去引镇，引镇逢阴历的三、六、九赶集。没事的时候，我们经常是走到下面大峪口，再坐车去引镇。回来的时候基本是叫面包车，因为回来的时候总是会买些必需品。

徐淳刚是我在北京时就认识的写诗的朋友，家住西安。我们在网上相识，一起搞物主义[①]，但一直没见过面，这次来西安是我们第一次见面。西安也是我第一次来。跟徐淳刚喝酒很舒服，刚到西安时，我们第二天就在外面喝了一夜，搞得他老婆意见很大。今天每人又喝了有差不多10瓶，一直喝到早上4点多。明天还要爬山，得睡觉。

* * *

照《一根稻草的革命》上写的，把泡着的各种菜种子裹上土，有差不多10种，但土很不好裹上。撒到屋后面的那块地里，然后再割掉地里长着的草，铺在上面，最后浇上水。《一根稻草的革命》是一个叫福冈正信的日本人写的，是一本关于自然农业的书。他还有一本书，叫《自然农法》，两本都有中文版。

把院子前面小水沟旁的那棵野樱桃树上的最后几颗樱桃摘了吃掉。听手机上的收音机，看书。晚上开始下起了小雨。看后面地里撒的蔬菜种子的动静。有些看起来有发芽的意思，我把那些还露在上面的种子压到土里。

去地里看了两遍。好多种子没长出来，可能是被鸟给吃了，长出来的也长得不太好。总的来说向福冈正信学习是失败了。

来山上后，看书的时间很多，一天除了做饭、吃饭，开点地，种点菜，斫点柴，基本就没有其他的事干。刚来的时候，山上的手机都没有信号，但可以收到电台。第二年才有的电信的信号，到现在，移动和联通的信号还没有。但有电。

天晴的时候，晚上会有满天的星星，很多，很亮。我有好多次，晚上出来，坐在

---

① 物主义是一个集文学、视觉、声音等艺术形式于一体的艺术团体。——编者注。

我自己种的向日葵　摄影：李白

院子里，就看星星，四周很静。有月亮，看着它一点点从缺慢慢变圆，再从圆变缺。最近计划写点东西，关于山上的。日记一直在写着，简单、直接，东一句西一句。

* * *

从北京一共拉了有四麻袋书过来，都是一些自己平时喜欢看的。这些年在北京什么也没留下来，就是积了一大堆书，其他的书大部分给了在北京的朋友。还有一些家具以及生活用品，也都处理了个干净。

把从北京带来的书从麻袋拿出来放上书架，归类。忙了有两个来小时。整理完毕，坐到靠窗的桌边看书，松尾芭蕉的散文集，一些游记之类，是我喜欢的，文字简洁，话不多。7点多吃晚饭。接着看了会儿书。

《告语人民》是一本讲晏阳初和他的平民教育的书。书是我之前在北京做图书策划时策划的，但我自己一直没看完过。书分两部分：一部分是赛珍珠与晏阳初的对话，一部分是晏阳初关于平民教育方面的文章。除晏阳初外，在北京的时候我还关注过梁漱溟和陶行知，民国时，他们都是做平民和乡村教育的。后来，晏阳初去了海外，还一直做平民和乡村教育。

在山上吃饭也是一天两顿，跟我在北京时一样。一般是在早10点左右、晚5点左右。山上住的人也大多如此，也有的修行人听说是一天一顿，过午不食。

有一头野猪从屋前的竹林里出来，到了屋外面的院子边，我在屋里透过窗户看到，开始是听到有动静，等我拿着相机出屋到院子，它又钻进竹林不见了。

* * *

计划明天一早去引镇，看看还需要买点什么生活日用品，最主要是再买点菜种。最开始来的时候去引镇买过些农用品，比如锄头、镰刀、斧头之类，很亲切。东西都是慢慢一点一点置办的，用着用着缺什么再去买去。

又失眠，早上4点多才睡。早上起不来了，没去成引镇。看来又要养成晚上干活白天睡觉的习惯。去引镇得一早起来就出发，先走到大峪口，再坐车去引镇。听说以前山上的村民能一早去个来回，还能回来吃午饭。上山所用的时间比下山多得多，下山差不多两个小时就能到大峪口，从大峪口得近三个小时才能走回山上，也累得多。

特别是在晚上的灯光下，很多的蛾子会扑打着窗子，也有好些从门缝进来，围着电灯飞，很多品种我都没见过。有时候我会停下看书，看它们就在我的面前飞舞。早上起来总会看到窗台上，死一大片，地上也是。

下午基本没事，坐在窗前的椅子上看书，平时我大多就是这样，泡上一杯茶，放在窗前的桌子上。有时候一坐就大半天过去，时间过得很快。一般我会把脚放在一张凳子上，有时候会自己玩会儿扑克。一般都是看上一会儿书，去屋后面地里转转，然后回来再接着看。

最开始到山上经常失眠，晚上的山上静得很不习惯。一直听着野猪在屋前杏树下吃掉到地上的杏，主要是咬碎杏核的声音。

院子前面那棵杏树的杏不是很好吃，粉粉的，也不大，所以很少有人上去摘来吃，我也很少吃。熟了都掉到地上，一到晚上，野猪就会过来吃。

昨晚又是到早上4点才睡，这几天野猪一直在屋前屋后转，可能主要是因为屋前的那棵杏树的杏熟了，它们过来吃杏。

* * *

昨天计划的是今天上山去，认植物，拍植物。到半山给北京的朋友发短信告知我现在的手机号（来山上后办了个西安的号）。在我现在所住的地方手机没信号，只能是在半山上才有。这还是上次徐淳刚来我们一起爬山去朝阳洞时发现的。

近12点出发，带背包，内装一本关于野菜的书、水、相机、镰刀、带胶面的手套，另外拿了个装野菜的袋子，顺便一路上摘些野菜。在去上面村子的路边居然发现有野薄荷，就在小路边上，开始还不确定，用手摘来，两根手指一搓，放到鼻前一闻，清凉凉的。靠近石头处有土的地方到处是费菜，这是在野菜书上认识的，后来我用它包过饺子，很好吃。

一路上拍照及采野菜。萱草很多，沿路靠近有水的沟里都有，我之前知道的也只是叫黄花菜。在以前，山上的村民都会摘了来，用开水焯过，然后再放到石板上晒干，留着冬天没菜时吃。我经常是直接摘了来，抽掉中间的蕊，做汤。

回家，整理在路上摘的野菜。弄晚饭吃，翻开我的那本野菜的书，对照一路所拍的野菜的照片，认野菜。野猪又过来。天黑了。

* * *

最近又睡反了，晚上睡不着，于是躺在床上看书。今天早上起来已经10点多，开门看到门外的木墩上留着个纸条，是昨晚上山来的一个人留下的，她住在上面农家乐。说一早来等我起床，没见我起，也不好意思敲门，就又上去了。她是搞写作的，在上面听说我是从北京过来的，写诗的，所以想来聊聊天。

今天一早来的那人他们一队人要下山，走之前过来聊了一会儿。然后他们就下山，说以后有机会还会过来，再聊。

去后面的地里看了看，地里的豆子基本没长出来，大多被鸟掏来吃了。在地边居然发现也有野薄荷，还是一大片。高兴。计划等再长些天摘来晒干，平时泡水喝。

接着看书，然后把院子外边地里的干草抱到后面的厕所烧掉，再看书。6点来钟，做晚饭吃。晚上8点来钟，下起了小雨。回答徐淳刚的提问，主要是来山上的一些生活细节，完成，标题就叫《人应该住在山上》。

* * *

坐在窗前看书:《自然不可改良》。边看边用铅笔在书上画了几段，现抄在下面:

就算这种毒药不是毒药，只是一种高效的除草剂，它像牛奶和水一样无害，尽管如此，它在我们的葡萄园里仍然是多余的。

后来我逐步认识到，所谓害虫，并不像现代农业中所描述的那样，是农作物肆意专横的敌人。病虫害侵袭从某种意义上说，也是物质转换过程中的一个步骤。

绿色革命（即所谓的农业革命）是人类最大的一个灾难，而不是像人们通常所描述的那样，是一个巨大的进步。

去后面的菜地看了看，有两次。坐在门外面的木墩上看书，看对面的山，还在雾中。下午近6点做晚饭，米饭、炒西葫芦、炒灰灰菜。吃过饭接着坐在外面看书，在平时没人来的时候，我更喜欢坐在外面门口看书。《自然不可改良》还剩最后一章，明天再看。看着看着天就黑了下来。

* * *

看书，是梁漱溟的传记作者与梁漱溟的一个对话集——《这个世界会好吗》，最后部分看完。记下下面两段。

我可能比其他的普通人不同的一点，就是我好像望见了，远远地看到了，看到了什么呢？看到了王阳明，看到了孔子。我是望到，远远地望到，并且还不能很清楚地看见，好像天有雾，在雾中远远地看见了孔子是怎么回事，王阳明是怎么回事，远远地看见，我的程度只是这么个程度。

1918年11月7日，梁漱溟的父亲梁济正准备出门，遇到漱溟，二人谈起关于欧战的一则新闻。“世界会好吗？”梁济问道。漱溟回答：“我相信世界是一天一天往好里去的。”“能好就好啊！”梁济说罢就离开了家。三天之后，梁济投净业湖自尽。

* * *

吃过饭，坐在门外面的木墩上，看了会儿小雨，以及小雨中对面的群山。雾很大，基本看不到山形，下面的草地也在雾中。很少有人从院子前面的路上过。我去看了看对面路旁的水沟，水流比晴天大了不少。

听雨声，在山上就越来越少听音乐了。一下午就这样过去，去过屋后面两次，在院子里站了一会儿，看雨，在雨中。

下雨就有这个好处，安静得不行，也没有别的事情可做，也不能出去，只能待在屋里，看看书。坐在窗前看了会儿书，去后面的菜地里看了看。菜地里的大白菜长了不少虫子，用草木灰挨个撒了一遍，不知道有没有用。

6点多钟，做晚饭，吃过晚饭，接着看书。坐在外面的木墩上抽了支烟，看天黑。上午近10点钟醒来，听到外面有说话的声音，有人路过。起床，首先去后面地里看了看，特别看了昨天用草木灰撒过的那块大白菜地，虫子比昨天少了不少，看来还真有效果。

* * *

下午接着看书，爱默孙的《自然论》，很薄的一本书，商务印书馆出的，这本书还是以前在北京时买的，但一直没看。前几天看过一部分，今天打算把它看完。边看边摘段如下：

一个人要走进幽静的境界去，必须从他的居室退避得正像从社会那么远。即使没有人同我在一起，在我读着写着的时候，我也并不幽静。但是，如果人要孤独起来，那么让他看看星斗罢。

田野和树林所给予的最大的快乐是人和植物间的玄妙关系的暗示。我不是孤独着，不是不被承认着。它们向我点头，我向他们点头。

我对于自然没有什么敌意，却有孩子般的对它的爱。我在温暖的日子，像玉蜀黍和瓜一般扩展着，生活着。

* * *

去屋后面菜地看了看，地面有些湿，有零星的小雨。菜地里的菜变绿了，被虫子吃过的叶子基本看不到，新的叶子长了出来。

这些天真是饿了就吃，困了就睡，不管是白天还是黑夜。

坐在窗前的桌旁看了一小会儿书，抽支烟。上山来后，便很少抽烟了，上次朋友买来的一条烟，抽了有近一个月。肉也不吃，酒也不喝，也觉得是自然而然的事。

下午有上山的人从门前过，嘴里说着这里的环境真好，要是住在这真是美得不行。不知道，他们要是真的来住了又会是怎样，不知道。

顺着旁边的小路去上面村子里转了转，去陈哥家，他不在，去山上打核桃去了。

昨晚又是一晚没睡，上床睡，起来看书，再接着睡，再起来，再接着睡。这样来来回回了好几次，直到天亮。

现在天黑得越来越早了，才7点多就开始黑了下来。看来是越来越接近冬天了，不知山上的冬天将是什么个样子，还没过过。

风土记

舒飞廉

## 《乡村夜气》

最近常常深更半夜由孝感市回家。有时候是因为与姐姐姐夫、妹妹妹夫他们吃晚饭，喝一点谷酒，讨论城区房价涨落，到10点钟，才能将酒气消磨掉去发动车子。有时候是被税务局的勇军兄拖去讲王阳明，我一个大外行，也只好听他兴致勃勃地格物致良知，大概得等到勇军嫂挽着臂包夜归才能散，好在他藏的明前茶又多又好，其言昏昏，其茶昭昭，也能抵挡一些子。夜深人静的城市，灯火灼灼，车稀人少，北京路、城站路、航空路，明明灭灭的红绿灯都好像比平时要有耐心，一直将我送到转回乡下的宝成路，右拐向北十余公里，树巷森森，其黑如墨。

我特别喜欢在这条乡村公路上开车。水泥柏油的两车道油光水滑，像鲇鱼的肚皮。白杨密密匝匝，在路两边排队，树冠朝上交织在一起，向前簇拥成幽深绵长的树洞。下雨的时候，树叶会将白雨挡在外面，里面只

乡村夜气　摄影：芷平

剩下势头微弱的线雨。晴天可以由树影里看到点点星光，月亮有时候也会由树影间跳闪出来。当然，最好是刮风的晚上，每一棵白杨都是管风琴转世，成千上万的白杨树被三四级以上的风摇响，那样的声势，就是万物以息相吹的天籁，这时候，我一定会将林忆莲王菲许巍郑钧他们的歌都掀灭。深山里，松涛如同龙吟，我爱听，平原上，荒草何茫茫，白杨亦萧萧，也令人魂销。开近光灯行车，有一点像提灯笼打手电在树巷里走，打开远光灯，光柱就会像剑一样，将婆娑树丛穿透。因为是走了千百遍的回乡路，拐弯抹角都晓得，我提个灯笼也就够了。好几次，我都想将车灯全关掉，这样，就可以在星月的微光里赶路，好像魏家河的瞎子拄着拐杖走。但这样黑灯瞎火的老司机，万一遇到对面的会车，或者路边有骑自行车、步行晚归的人，都会出麻烦。路渠中的黄鼠狼与本地土黑狗横穿马路，也会非常危险。算啦。

过小澴河桥，再向前三四百米，会离开白杨树巷，左拐进入我们村的单行村道。好几次，我将车头在灰白狭窄的土路上摆正，就看见新月如钩，挂在前面乡塆的村树上，又堂皇，又寂寥，掩映着群星，好像在等我回来。萧萧白杨之外，其实并非茫茫荒草，路边的稻田里，一季稻萌蘖扬花，稻秧间青蛙打鼓、蟋蟀奏琴、小龙虾肥泥鳅啪啪弹水，村树中嘶嘶鸣蝉，好像村庄中的男女老少、鸡鸣狗吠消停下去之后，星月下草木长、鱼虫鸣，一个幽微的世界浮现出来，又神秘，又静谧，又熟悉，又陌生，有时候，我会在这幽微的声色里，关掉车灯，发呆很久。小澴河在我身后流淌，堤下挨挨挤挤的坟地里，祖先长眠，宝成路上的杨树，是我考上大学那一年栽的，而今生长具足，已有近三十年的树龄。我由武汉到孝感，由城市到乡村，兜兜转转，一路奔驰，现在终于停车在寂静与黑暗里，停车在泥土、星斗、流水与荒野中，停车在我生命的原点上。

这样的黑暗与寂静，是晚霞沉寂后，由宇宙与星辰运转，由田野与河水吞吐，由植物与动物分泌出来的。一户乡民家的灯亮了，一颗星辰变暗了，一点萤火消失了，黑暗会不增不减。一只蝉加入合唱，土狗在村口吠叫，青蛙与蟋蟀将声音憋在嗓子里，寂静也会不增不减。不需要眼罩与窗帘，也没有挥之不去的白噪声，没有不停歇的工地与照明。这是让孩子产生恐怖与畏惧的黑夜，出产鬼故事、狐仙，相信地狱与轮回。这是动植物生长的黑夜，捕食、交配、产卵，分解出汁液，张开子宫与花房。这大概也是令爹爹婆婆们逝去的黑夜："虽然智慧者临终时懂得黑暗的正确，因为他们的话已迸不出闪电来映照。不要温柔地走进那段良夜。"狄兰·托马斯悲叹生命的逝去，认为老年人应在"落暮时分燃烧咆哮"。我并不这样想，"死去何所道，托体同山阿"，与家乡黄泉中的黑暗与寂静达成和解，"温柔地走进良夜"。"幽室一已闭，千年不复朝。"陶渊明要比狄兰·托马斯高明不少。

我想起之前勇军兄在"阳明说"里谈到的"夜气"。王阳明的原话是，"良知在夜气发，方是本体，以其无物欲之杂也。学者要使事物纷扰之时常如夜气一般，就是通乎昼夜之道而知"。意思是：人在深夜里静思默想，产生出良知善念，一点点良知会聚起来，会成就澄明无私的自我。阳明的说法，是由《孟子》引申出来的，孟子讲齐国临淄城外牛山之上的树木，在雨露滋润之下日夜生长，却敌不过城里的刀斧砍伐与城郊的牛羊啃食，变得童山濯濯，不像样子。有一些人，他们晚上生息养气，不敌白天俗世的消磨折损，人情日失，因此"夜气不足以存，则其违禽兽不远矣"，只有"良知在夜气发"，才能够"苟得其养，无物不长"。两位圣人谈良心与良知，夜气只是隐喻。良知是心灵在静默中的反省自觉。夜气呢？它来自日月星辰、山川河流、生物神灵在黑暗与寂静中的反照吧。乡村的茫然黑夜，是有夜气的，生活在乡村里，也会有在良夜反省自觉的机会？武汉也罢，孝感也罢，白天喧哗，夜晚也不安静，违乎昼夜之道，缺少的就是夜气吧！

想到文艺，凡·高的画是有夜气的，肖邦的《夜曲》有，阿炳的《二泉映月》也有。小说里面，沈从文的《边城》有的，翠翠梦见虎耳草的那个夜晚，她对爷爷讲："我昨天就在梦里听到一种顶好听的歌声，又软又缠绵，我像跟了这声音各处飞，飞到对溪悬崖半腰，摘了一把虎耳草，得到了虎耳草，我可不知道把这个东西交给谁去！"这是她甜蜜而苦楚的爱情之夜。我最近特别爱看汪曾祺《羊舍的夜晚》，觉得是一本特别有"夜气"的集子，谁说人民公社的时代，就没有好的作品？小吕背着铁锹坐在小石桥边糖槭树上看水，"一村子里的人现在都睡了。露水降下来了，到处都是一片滋润的、浓郁的青草气味，庄稼气味，夜气真凉爽。小吕在心里想：'我在看水……'过了一会，不知为什么，又在心里想：'真好！'而且说出声来了。"是的，真好。我看着汪曾祺的句子、黄永玉的插画，心里也想，嘴里也说。

我重新点火，将车开过小学校、村口的塘陂，小心翼翼地拐进村巷里，路边荆条、益母草、艾蒿、野雏菊与构树枝拂过车身，宝伟家的狗由门廊里冲出来，颇负责任地狂吠了两声，转身回去继续睡。停车在我家门前，掏出钥匙，借着手机的微光打开门。铺床，汲井，烧水，洗澡，心里又安定又愉快。关上手机，将头放回在荞麦枕头上，外面是历历星月下的黑夜，真实不虚，本村最后一位入睡的居民，我知道会有一个黑甜的梦乡在前面等着我，之后，会是鸡鸣如阵，鸟叫如沸，玫瑰红的曙色印上窗户，我会黎明即起，洒扫庭除。阳明先生又讲："一日便是一元，人平旦时起坐，未与物接，此心清明景象，便如在伏羲时游一般。"对，回乡村，默存，夜气生，则羲皇上人出。

## 《白杨好听，枫杨好看》

晨光暮色里，在乡村暴走，慢跑，看树观花，乐莫乐兮！要是殷家塆的小黑狗、舒家塆的大白鹅能记住我这个一身耐克钩钩、发际线高高的中年男人，下次不果断地冲出门就更好了……家花野花，原生外来，林林总总，复杂多元的田园荒野是好的。游神骋目各处村墟，我最赞的是向家大塆，楼房、披屋、茅厕之上，有苦楝、乌桕、臭椿、泡桐、洋槐、榆树、桑树这些土里土气的树，也有板栗、银杏、广玉兰、香樟、水杉等令人耳目一新的外来客，它们多半是由出门打工的乡民带回来的吧。这个塆里，定有不少秋先那样的灌园叟，假以时日，它一定会变成一座更加生气勃勃的林园，引来白衣翩翩的女仙。

林园中杂花生树，区隔出种种微妙的生态区间，冲漠无朕，万象森然。万象中，也不是没有优势的物种。就像家畜中的猪牛，家禽中的鸡鸭，鸟类中的麻雀喜鹊，作物中的水稻小麦，鱼类中的鲫鱼白条，本地最常见的树种，是枫杨与白杨。构树与枫杨繁殖力惊人。鸟类吃下构树的果子，将它们拉到角角落落，所以良田久废必生构，无法无天长满坟地沟渠，最招乡民们的镰刀斧头。枫杨千千万万的翅果被风吹到湿润的泥土里，每年春天在房前屋后长得像秧苗田，这些翅果大概就是植物中的"蝌蚪"，不经意间，蛙声满塘，枫杨一村。白杨是外来的，修堤、铺路、挖港，成功了。干部们，从前四个兜，现在穿西服，挥手让卡车拖来一车白杨苗，一对对种在堤边路边港边，和枫杨一样，它们都特别"肯长"，去年还是手指头似的，当不得猪牛羊的嘴，今年就长到小臂粗细，可以刮皮做锹把了，三五年不见，蔚然成林，招风引雀。宝成路上的白杨，保刚家后园的枫杨，四十年间，修行具足，苍莽挺拔，已经是吾乡当家话事的大树了。

溭河桥下的小草原　摄影：芷平

白杨能捕风。往往是一根粗壮的树干向上蹿，不太爱分杈，由上到下，都挂满了叶片，所以每一棵白杨看起来，都像胡须未剃的男人。又因为白杨树被种在道路、河渠、坟地等乡村“公共空间”，多，而且整齐，所以白杨林有一点军队的感觉，好像它们一转身，就可以成为兵马俑，由梦乡唤醒，冥冥中去跟着始皇帝出征似的。西南风，东北风，吹入小溭河平原，首先就是吹到它们身上，由它们译解成远游征伐的大风歌。白杨多悲风，对的，秋冬的晚上，在黑暗的枕头上听着西风吹白杨，好像每一棵白杨树都变成了管风琴，由它在管风琴的龙门阵里演绎它的悲伤。它们将田野变成海洋，在海洋上掀起波涛，一浪一浪地，起伏回环，用悲凉而虚无的调子淘洗着集义在这一小块邮票一样狭小的平原上的生灵。有时候，我觉得天上的寒星也会跟它们一起唱，蔡家河坟地里的亡灵也会随着它们的调子唱，催促孩子出生，女人出嫁，老人长出白头发。“荒草何茫茫，白杨亦萧萧”，我觉得金庸写《白马啸西风》，白马带着李文秀一步一步回到中原，身后会有一片白杨林。茅盾写《白杨礼赞》，说它像家乡的哨兵，像民族解放中的农民，他也会听到白杨由寒冷、离别、死亡里发出的不屈服的颂歌。

但作为声学大师，白杨也不是一味地悲凉。五六月的清晨，你沿着农二村往匡埠村的公路走走看！南风将羽翼乍丰的树叶吹得哗哗作响，一小片一小片的哗哗声，由挺立的树干缀连起来，发出清爽喜悦的和声，好像每一棵树，都在交谈它们立足在朝晖、晨露、南风、田野中的欢喜。连绵十余里的白杨树清翠苦香，明媚风华，在以深夜生息的夜气，屏气凝神地演奏着这一支主歌。白杨林外，附近村庄里的公鸡喔喔打鸣，说明它们的优胜记略，咕咕鸟在荒林里咕咕咕地叫，灰喜鹊呀呀地向林荫道俯冲下来，布谷鸟急促地叫着“光棍好苦”“快快做活”，果然将村庄里的男女催促出来，在早饭之前，赶牛办田，分秧布谷。这些副歌与白杨的主歌交会在一起，好像也不太爱理睬巴赫的“对位法”，自自然然，枝枝蔓蔓，万物演奏着万物，我一个返乡客，只觉得身心清爽，头脑空明。田野的美是永恒的，乡村又何尝会消逝，你来，它在你眼前，你走，云在青天水在瓶，它还会寂寂然在天光尘露里。

枫杨却是好看。与苍茫丰茂、面目如一的白杨不同，每一棵在村落里长起来的枫杨，最后都会得到自己的模样。三四十年之后，它在合抱粗的主干上刻写了风霜雨雪的皱纹，向上分出来的主枝与侧枝，或多或少，也发育出不同的线条，鸟窝与昆虫的巢穴被它涵养着，藏在枝枝叶叶中。所以一个村庄一个村庄地走过，会发现姿态不同的枫杨，就好像看到不同的人。有一段时间，我迷上了“二元统一”的想法，我觉得，枫杨就是由不同的“二元”统一在一起的。5月的枫杨，新叶翡翠，枝干虬曲，风姿苍翠，就像颜体字、韩愈文，老而媚，一串串翅果垂下来，好像村里老年人引着孙辈，顾盼有情。我还觉得，那些女性主义家会喜欢枫杨，它一方面风姿挺秀，含蓄妩媚，另外一方面，又雄浑坚毅，好像是将松树的阳刚与柳树的温存结合在一起，就是她们讲求的“雌雄同体”的样子。枫杨生长的地方，不避茅厕、泥塘、猪圈，也能覆盖瓦屋、祠堂、庙宇。我所供职的大学里，也有不少老枫杨，挂着一串串珠玉一般的冠冕，像以前帝王的头饰，也像毕业生们毕业拍照时礼服帽上的璎珞，郁郁乎文哉，所以枫杨是能将文盲与文人、上层与下层沟通起来的。这样能将上下、男女、老少、城乡交会在一起的树，是很罕见的。在这一组组的对立里产生出来的微妙变化，让它像孟子说的“美大圣神”，充实，光辉，有一点大而化之、神乎其神的感觉。当然，这也只是我的胡思乱想，那些村庄里的老人，很快就会扯着牛绳走过来，将一头黄牛拴在枫杨树下。黄牛目倦神疲，屎尿俱下，在环绕的飞蝇与牛虻阵里，也是蛮苦闷的。

这就是我在乡村里的何所见，何所闻。公共的声学白杨引领着万籁，个体的美学枫杨掩映着万物。有一次，我脑海里灵光一闪：如果我是一只喜鹊的话，我是将窝搭在一棵枫杨上，还是一棵白杨上？我由农二村，走到匡埠村，一边看，一边听，踯躅这乡间的声色宴，心里想，也许得听另外一只母喜鹊的？

## 《蛋白质乡村》

这一轮的南方暑热，我在乡下，差一点就被三伏大魔王打败了。立秋前一日下午，气温累积到37摄氏度，五六点钟的太阳哪里就饶人了，空气好像是由铁匠铺子里放出来的。摇头晃脑的电风扇迎面吹来热热的风，由地下抽上来的井水也如温汤一般。擦不尽身上的瀑布汗，痱子就像黄昏后银河两边的星星，一颗一颗由脖子与肘腕上跳出来。我听到村巷里的狗叫都少了，它们一个一个垂着舌头散热，想多管闲事吓唬一下推车来卖“老面馒头”的草帽女贩子，就得将长长的舌头卷进去再狂吠，这就太尴尬了。回孝感去！回武汉去！回到空调的文明世界里去！只有空调，才能将三伏魔王收到瓶子里，再塞上一个蜡封的盖子。我一边佩服那个一把蒲扇一张竹床度过无数苦夏的少年的我，一边下定决心，明天早上就开车回城，不要再跟中华田园犬们拼散热的硬件跟软件了。

晚饭后出门散步，天上浓云密布，不见星月，等于是给这汗蒸国加了一个罩子，树杪上一丝风都没有，青蛙与蝉倒是变本加厉，好像它们的声带是可以散热的狗舌头。想起来，夏夜的萤火、天上的星星、菜园中悬垂的碧绿的瓜果，这些不仅好看，其实也是能带来凉意的，可惜时下的8月乡村，这些名堂已经是孔乙己兄的茴香豆，多乎哉，不多也。我只好沮丧地回家，爬上草席，在电扇君殷勤的轰鸣里，祭起心静自然凉大法，准备以一身热汗去迎接明天密密匝匝痱子一般的鸡鸣。没想到，十一二点钟，黏黏哉半梦半醒间，漆黑的窗外，忽然刮风了！打雷了！下雨了！果然是僵卧孤村不自哀，铁马冰河入梦来啊！风带着雨意，由南窗冲进来，由北窗冲出去，将窗帘拉得飒飒作响。风贴着我的身体，清凉剔骨，好像上一刻，它们还在雪山冰谷里回旋，忽然就被澴河的龙王君慷慨地借来了；或者，有一只决心不再忍耐的狗狗，变成了孙悟空，去找铁扇公主借来了芭蕉扇；或者，铁扇公主是可怜那些在泥潭树荫里不愿动弹的黄牛水牛小叔子们……在习习凉风霍霍闪电与潺潺檐雨里，我睡了今年夏天最好的一觉。空调虽美，也很费钱，终不敌这“硬寨硬仗”之后的一段自然凉。

早早起来跑步去。大小澴河堤上的10公里慢跑，因为担心中暑，久违了！暴雨暂停，团团乌云被南风吹着，好像是水墨画出来的鲸鱼。白杨哗哗作响，它有一个外号叫“鬼拍手”，8月之后，它的“手掌”不会再长大了。枫杨的翅果已由翡翠绿转变为灰褐色。楝树与乌桕的果子刚刚修圆起来，它们在生儿育女路上，晚了枫杨一步，不过比起槐树还算好。槐树开花不久，昨夜的风雨将玉色花串打落一地。植物其实不怕热，只怕旱，棉花就是在一年中最热的三伏天里开花结桃的，我眼前的棉田里，一枝枝的棉桃，果然结得像4月的春桃似的。芝麻一节一节地开花，现在已经回退到最上面的几层了。一季稻正在灌浆的关口上，叶绿茎粗，稻穗低垂，蛮谦逊的样子。这是一年中田园最鼎盛的时候，虽然与之前相比，庄稼被包围在生气勃发的荒草野树之中，但庄稼本身被侍弄得还是可圈可点，在普通水准之上的。守护田园的老头子老太太们辛苦了。

动物就不太一样了，如果不是气温一下子跳水到26摄氏度，我哪里能出来跑步！水牛与黄牛可能都还没意识到天气转凉。水牛苦哈哈地伏在河曲间的水岸下，只露一个牛头出来。黄牛也是藏身草林里，任由平日陪伴它们的白鹭优雅地站在头顶上。向家塆的村猪土狗，还没来得及爬上河堤，倒是一个小卖部前，有一只大蜘蛛趁主人未开门之前，在屋檐与堤树之间织了一个大大的挂着雨水的网，它一肚子的蛛丝这几天差一点沸腾了吧。向家塆下面的河桥下，一群黄褐相间的半大鸭子正在流水里觅鱼捉虾，放鸭人穿着雨衣，在一边闲闲地持着鱼竿钓鱼，这真是一个钓鱼的好天气。我印象最深的，还是堤下稻田里，好像一夜雨水后，藏身在稻棵间的蟋蟀螽斯们都开了嗓子，它们的合唱盖过了树上的蝉鸣，与间关的鸟鸣交会在一起，织成了一张声音的网，蛛丝一般缠绕在田园上。这张网罗万物的声音之网，疏而不漏，清澈而繁盛。它还有特别的气味：芝麻开花的香气，稻花扬花的香气，艾蒿稍稍腐朽的药味，茄子黄瓜、豆角四季豆、苋菜与白花菜，以及其他草木蒸腾的热气，村巷之中动物粪便发酵的臭味，林间甲虫金属一般的气味，河沼里鱼类散发出来的水腥气，这些都在暗地里混合起来，织成一张气味的网。这是8月乡村的声色味，我很熟悉，从前看到、听到、闻到，心里就会想，啊，暑假过了一大半，又要开学了！觉得陌生的是什么呢？鸟鸣更多了一些？河水里的鱼腥少了？艾蒿的苦味重了？村巷里的臭味变淡了？这是被荒野重重包围的田园，它的配方在改变，我其实并不反感。

我这几天消暑的读物是里德利的那本《基因组》，他讲的是人类二十三对染色体所牵挂的数万个基因的故事。基因的开启与闭合，驱动人类的生老病死、喜怒哀乐；基因是由蛋白质构成的，它们去运作的身体，由发肤到器官，由激素到血液，要么是由蛋白质组成，要么也是由蛋白质造出来的。里德利的基因-蛋白质故事讲得好，所以还是蛮有解暑效果的，比如这本书的很多地方，都被我的汗水——一种特别的蛋白质浸染了。在我跑步的河堤之下，多少种、多少数目字的生物，以染色体、以基因、以蛋白质交会在一起，成住坏空，生生灭灭，互相滋养浸染出不同的形色，不同的声响，不同的气味，不同的网，蛋白质才是它们真正的主人吧！鸟虫鸣，是生物在寻找配偶，草木开花结果，蛋白质即将会聚成新的生命。一段基因的悄然改变，带来的要么是惊喜，要么是悲伤，乡下人将这个叫作“命”。我们在用文字作文章的时候，土地、河流、阳光、空气，它们在用蛋白质写出田园的诗，织成田园的网。说到乡村与城市的不同，大概乡村就是蛋白质的，有它们合成的声色味，城市大概是金属的、塑料的、水泥的，一点蛋白质生产出来的花园、行道树、宠物、飞鸟不过是点缀；乡村是生物性的，而城市只是机器，或者是组装着各种机器的机器。

砍柴就砍柴，挑水就挑水，跑步就跑步，为什么总是变成了卢梭般的“跑步遐想录”呢？我牛虻般挣脱掉缠缚在蛋白质网上的胡思乱想，由殷家塆的长坡跑下河堤，沿着我上回报告的“白杨好听，枫杨好看”的乡村路继续往前跑，南风在头顶吹动着朵朵乌云。村道在何家塆被鞭炮锣鼓声打断了，原来是村中有老太太去世，村民请来治丧的乐队，正在做道场办丧事。他们开来的敞篷卡车上，长宽三五米的等离子电视屏已架了起来，披麻戴孝的亲眷们已在候场。看样子老太太是没有等到昨天晚上神奇的芭蕉扇雪谷风，在前几天的暑热里，像一片萎黄的白杨“鬼拍手”大叶子，由树上飘落下来了。

接下来的几公里，陪伴我的声音，就不仅仅是稻田间的蟋蟀曲，丛林里的蝉粥与鸟鸣，锣鼓鞭炮一停，乐队请来的道士唱安灵曲，女歌手唱孝歌。多好的嗓子，男的像破铜，女的像花布，悲迓的腔调，粗犷、质朴、深情而又超拔，当然，这是我们这块地方的人，用无数代的时间酝酿出来的最好听的歌，是藏在我们生命中的蜜。说到底，它们也是由基因到蛋白质，缓慢地孕育出来的吧，与蟋蟀、蝉、飞鸟们的鸣唱并没有什么不同，所以它们交织在一起的时候，是真切自然的，超凡脱俗，听得我双眼潮湿。其中道士有一段唱的是“解冤结”，大意是人离开人世，过奈何桥，就要将在人世的纷扰与纠结放下，轻松愉快地过黄泉下的生活。为了表明冤结已解，道士会要求跪在电视屏前面的白衣孝女，将身前的一堆草绳解开以应景（这个活儿好像不太敢派给儿媳）。不久，易箦到堂屋左首的老太太，会回到清凉温厚的土地里，作为蛋白质乡村大网上的一个结，她也终得解脱出来，得到清风明月般的自由与安宁吧！

# 卷二　传承与表现

## 木构复兴。润舍驻场记

许天心

东书房

# 木构复兴。润舍驻场记

图/文　许天心

## 开篇

我能有幸参与到前童润舍的施工过程，是由于建筑师王灏在中国美术学院带了一届题为“传统木结构的改良与复兴”的本科毕业设计，我作为其中一名学生，在完成自己毕业设计的同时，参与了润舍木结构“叠梁束柱”柱式的文献研究、工艺改良和模型制作几个阶段，又在毕业后于王灏的润·建筑工作室实习三个月，其间正值润舍木结构施工，我自然被派去现场，担当木结构施工的交接重任。因此，事情促成是时机之巧合，也是王灏对我有意栽培，将柱式的设计深化、现场施工对接、工期质量把控、财务人事安排等众多事务一并托付于我。

2015年夏日，建筑师王灏接手前童润舍的时候，场地上已建起一座宁海地区标准的三合院木构民居。王灏希望将这个普普通通的房子改造成民宿，同时营造一定的公共性，成为开放的古镇客厅，能容纳村民、游客休憩交谈，需要的时候也可成为承办村民活动、学术沙龙、社会展览的“道场”。而与普通的乡村民宿采用装修式的改动不同，王灏提出“偷梁换柱”的概念，将新研发的“叠梁束柱”柱式，通过“偷、换”原有梁柱的方式，注入传统民居之中，以骨骼之更新，促成整体气貌品质的提升。此柱式，取浙闽廊桥的叠梁出挑意象为梁，结合宁波保国寺的瓜棱柱做法为柱，对美学与力学原理进行重新梳理和提炼，形成这组结构原型，包含了地下基础、柱础、柱身、柱与多向梁的交接、柱与楼板的交接、柱头与屋架的交接等多组关系，是一个完整而独立的结构单元。“偷梁换柱”后，原本根据房子面宽逐一分隔的空间关系，由于落柱的减少（七根减至三根）和重新组织（横向对中一字排列），一改从前间隔、闭塞之格局，呈现出开放、连续的新体验。王灏直指传统建筑体系中最为本质的木结构改良，试图为这个囿于传统的木构体系注入新的能量，这正是“木结构复兴”的开端。这场改良的尝试，实是探寻木构所能创造的东方的空间气质，实践传统空间营造与审美的现代化。

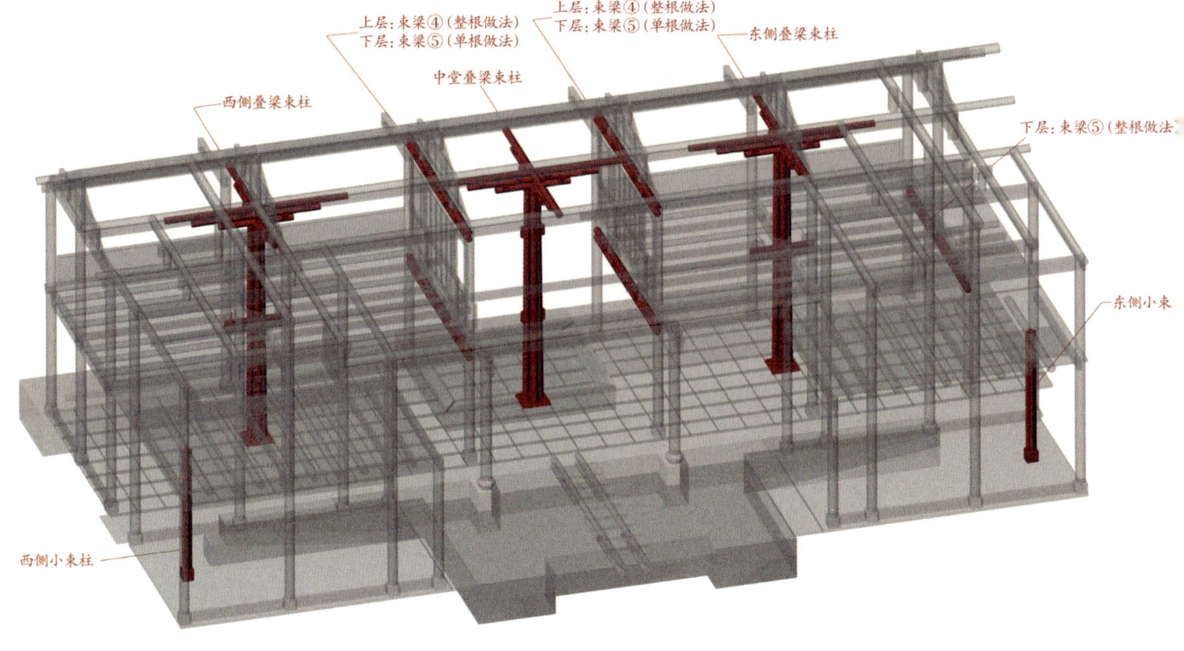

木结构施工整体示意

理念总是趋向完美的。建筑师王灏已在一篇文章[①]中完整地描述了润舍的精巧构思，不需我在此赘述了，而本篇试图站在介于建筑师与工匠之间的位置——一名驻场建筑师的视角，呈现两者在乡建进程中的困境与独特价值，借以提供一条新的实践路径。

## 纪实与领悟

2016年8月，我以润·建筑工作室驻场建筑师的身份，被派到前童古镇润舍的工地。驻场期间，我就住在古镇里离工地步行1分钟的客栈，一个10平方米的标间。一张床堆满图纸和资料，另一张床用来睡觉，两床之间勉强挤下台式电脑和小马扎，这就是我驻场期间的临时办公室。润舍项目由于建筑师王灏的加入而备受当地政府的关照。配合施工的当地官员，我叫他小葛，三十出头，无论是镇上大兴土木，还是小修小造，他都热心负责。他一毕业就在政府部门工作，踏实肯干又虚

① 《“偷梁换柱”之润舍》，见《时代建筑》，2017年第5期，第104~115页。

心，自然受到全村人的喜爱。润舍工地的大木活儿，四位木匠一老三壮，都是前童最精锐最有经验的。最老的木匠年近七旬，行事果断、脾气耿直，嘴里的香烟不停，手里的活儿却明显稳健，他是这次大木施工的灵魂人物，也是村里还健在的木匠中最受敬仰的。其中一位壮年木匠是小葛的舅舅，我一直管他叫葛师傅，16岁就拜师学工，30多岁就成为村里大木施工的领队，如今年近50，却是村里最年轻的一辈传统木匠了。他近年来多在周边县市走动，遇到新技术、新理念，能够积极理解和适应。这次润舍施工，需要处理新的木结构，自然是少不了他。其他两位壮年木匠都是常年跟着葛师傅一起干活儿的，沉默寡言却能心领神会。

初到工地，我就在铺满木屑的桌面上摊开精心绘制的施工图，开始讲解“偷梁换柱”。工匠们自然围拢过来，众人当中只我一人身穿上衣，皮肤白净，一看就是城里来的“设计师”。工匠们七嘴八舌，我急忙应答，没等我把设计思路说清，话题就集中在一个榫口的加工问题上，也有位木匠嘴里嘟囔施工顺序的不合理。我转而开始录音，一边点头回应，尽情让工匠们表达意见。初到工地的第一天晚饭，是和工匠们一起吃的，然而并没有因为喝了酒就变得愉悦放松起来，反倒是瞬间激增的挑战，让我有些茫然。为了接下来的工作如期开始，我挣脱酒后的困意开始反复聆听下午工地上的那场“大论战”。印象中庞杂而琐碎的信息，却在回放录音时听起来逻辑清晰而各有侧重。录音中，工匠们主要反映了几个问题：首先，CAD（计算机辅助设计）

第一次和木匠们对接设计构思

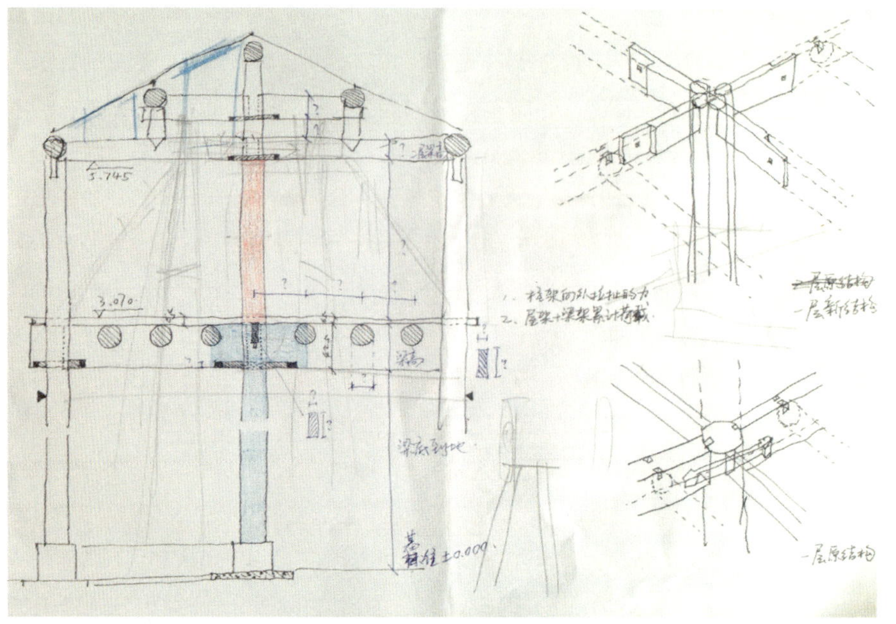

草图：对原始梁柱结构进行仔细研读，提出施工策略

平、立、剖施工图对于所有工匠开展工作有极大障碍；其次，木结构榫卯设计因未充分考虑施工顺序，导致无效或不合理；再次，木匠们不关心形式问题，只关心材料与工艺、施工与工序问题。此外，我透过工匠之间的对话（工匠对话使用宁海方言，我只能通过语气、表情变化感知一二），体察到他们对这个“新柱式设计”截然不同的反应和态度，甚至差点争吵起来。施工还未开始，便已出现设计师与木匠之间、不同年龄段的木匠之间如此剧烈的观念冲突。我开始意识到，如若忽略这些现实因素，只顾图面设计，接下来的工作将举步维艰，任何观念思想、试验改良都无从谈起。

翌日清晨，被运送木料的厂商老板一通电话吵醒。我抓出书包里的木料单，听老板依次核对十几种尺寸各异的木料，以备从杭州发货前最后确认。数十根木料不仅尺寸各异，木种也根据使用位置分为山樟、杉木、菠萝格、缅甸花梨四种，所以要尤其注意辨别。所幸无误，刚想睡个回笼觉，工地小葛又打来电话，说是早前下料加工的粉红色石条，恐怕尺寸设计上有缺陷，加工出来很容易磕碰破损。驻场工作第一天，就是这样睡眼惺忪地赶去工地，节奏之快，由不得我细细品味、慢慢适应，所有事情扑面而来。

那天上午，一场阵雨让古镇潮热难耐，运送的木料不巧赶上了这场雨停在途中。我趁等待间歇叫小葛召集所有工匠，再听我解释一次“偷梁换柱”。我站到一把矮凳上开始说话，现在回忆，语气是非常诚恳和认真的。“师傅们，我昨天刚到现场，很多工地情况事先不够了解，让各位师傅对润舍的设计感到费解甚至产生疑虑，我先给各位道个歉。昨晚我反复听了录音，琢磨各位师傅提的建议，确实需要我们设计师主动做出调整，有很多设计细节，比如木斗榫口的开法就没考虑到现场的加工条件和施工顺序。早晨小葛给我打电话，向我反映石料设计问题，我想了一下，确实是我对宁海当地的石材特性，是比较脆还是比较坚韧不够了解所致。各位师傅给我几天时间，我会把所有CAD施工图重新调整成三维的、直接标有数据的图纸，根据你们给我讲的施工顺序，调整图纸的绘制方式。另外，这个‘叠梁束柱’的新柱子，要替换几根老柱子，让新和旧有一个结合关系，就是这个房子改造中最有特色的地方，也会是将来前童最有特色的房子。既然是一个新的木结构，就一定有很多挑战，因为没有人做过，这个房子能够最终实现，要靠老师傅们多年的经验智慧才能完成。我们这次拿来的施工方案，也只是一种设想和可能性，不是已经确定的，也不是拿来强求的，具体要怎样施工才安全可行，正是要我在驻场这段时间里和师傅们共同讨论、商量出来的。希望师傅们能有这个耐心和魄力。”

当我讲完这段话，我心里也没有多少底气，但那一刻需要有人站出来说话，需要凝聚人心。无论是设计问题还是情绪问题，都非常真实地摆在我面前，我深知，这部

和老木匠葛师傅现场讨论

木料进场

分压力和挑战正是我作为驻场建筑师需要独立承担的，也清醒地意识到唯独站在驻场建筑师这个角色的时候，才有机会深入其间又保持一定距离地观察整件事情以及他们的现场反应。

下午，运送的木料迟到三四个小时到达工地。葛师傅看了看木料的截面，安排小工（小工是在工地负责搬运重物、拆墙打洞等非技术活的工人，主要以城市务工后回乡的退休男性为主）把木料搬进院内。我留心问了一句葛师傅在看什么，他告诉我能从木材的截面颜色和开裂状态判断木料干湿，像这次运来的多半是新料，没有干透，加工过程中会随着水分挥发而变形，严重的还会扭曲或者不规则变形。我问那要怎么办，葛师傅说只能把榫口稍稍开大1~2毫米留出富余，待木料干透，榫口就会收缩成正常大小。一位经验丰富的木匠，好像能从木头的外表看透木头的内心。木性与人性一样，也有阴晴冷暖。

傍晚回到住处，我便开始重新绘制所有图纸，我开始像一个没学过建筑的普通人一样审视这些图纸，我刻意地消解专业的形式而强化了木匠的阅读习惯，保留图纸之间缜密的逻辑关系，力争简单、直接和清楚。那些投影的平、立、剖图纸被我全部替换为三维的轴测图纸，在需要表达内部榫卯交接的地方画成半透明的效果，把那些藏在材料内部的关系全部表达出来；以前只有黑灰色淡线的“清雅”

图纸，现在全部附上了真实材质和真实的颜色关系，以方便木匠辨认，还在图纸周边用较大的字号标注了说明文字；另外还把所有数据都直接标在物体上面而不是图纸周边，取消了所有专业符号。

第一阶段，大约前五天的驻场工作，就是在重绘图纸和观察工人施工的反复中度过的。最初问题最突出的石材柱础的设计，开始考虑到前童红石“硬和脆”的特点，增加了凹槽部分到边缘的距离，也取消了上窄下宽的收分形态，虽然只是厘米甚至毫米级的微调，但有效地降低了加工难度。事实上，那些最初纯粹考虑形式美感的细部设计，被逐一简化为更适合当地加工的简洁细部。另外，又如叠梁之间的木斗，最初根据工业铣刀的加工经验，设计成了弧线形，但在现场有限的设备条件下，木斗被重新设计成王字形。实际上，一个个宽约16厘米的木斗，并不是被一个个加工出来的，现场木匠是将一根3米左右的方料统一开槽，再统一截成16厘米的木斗。有了这样的观察，我对榫卯细部的再设计也就有了现实参照。榫头的设计不仅要考虑到省时省工、材料强度，还要在考量整体施工、组装顺序的情况下，易于让工人辨认和定位，提示工人组装方式。在这些满足的情况下使其美观、简洁，语言上整体统一。真正体现设计精确性的地方，其实是在这样的反复中达成的。设

束柱开榫

计师执意的形式、形状，只有经历现场的再设计才算是进入了正轨。

从驻场第六天开始，木料的加工才真正有序展开。我和工匠之间的沟通，似乎也因为买了草帽和拖鞋，配上一身穿脏的衣服而顺畅了很多。第二阶段大约持续了10天，其间有泥瓦匠粉刷后墙，有设备工人凿洞埋管，又错开时间安排了工人砌筑玻璃砖墙。我似乎也在多组工人交替施工的过程中，逐渐掌握了各工种的特点和每一个工人的秉性。这里一个重要的领悟是，不要和工人讨论形式问题，要直接和他讨论施工工艺。如果不得不解释形式问题，最好直接告诉他结果，就是最后想做成什么样子。这样的沟通方式，是完全有别于学校教学的。学院化的教学强调原因和过程，而现场工人的思维方式是非常直接而指向结果的，他只要知道怎么做（工艺）、用什么做（材料）即可。另外就是工人的秉性，包括他们的脾气和工种自带的行事作风，如果仔细观察他们工作的状态，会发现泥瓦工对厚度、干湿和时间是非常敏感的，因为他们面对的材料主要是水泥，水泥的干湿厚薄和干燥时间会直接影响墙面效果。他们还可以双臂丈量墙面，预估工时。又比如木匠，他们的厉害之处在于对木材弯曲干湿变化的灵活应对能力和以不变应万变的“尺度口诀”。成熟的尺度口诀可用来控制用料、间架进深、屋顶斜率甚至到每一处梁柱截面的尺寸关系。比如考虑到前童地区的雨水量，通常采用6.5分水或7分水的屋顶。“分水”是指屋顶两个直角边长度的比值，如7分水

右 偷梁：锯掉原有柱子

左 换柱：安装支撑柱

是指两个直角边的长边与短边（坡高）的比值为70%。无论宅院的进深、面宽大小为多少，分水是不变的，因此越大的宅子，屋顶越陡。另外，进深跨度会决定梁高，梁高与跨度的比值按当地口诀约为1：1，即4米的进深跨度需要40厘米左右的梁高。另外，木匠的独特能力还在于团队协作和分工。在润舍工地上，葛师傅负责画线，老木匠负责挖榫，其他两位木匠负责其他简单的挖榫工作。我在这些天的日常工作，便是调配各工种的工作顺序，并且把内容具体到上午和下午的各时段中，时间长了，便也慢慢掌握了说话的轻重、事情的缓急。

最后三天，施工进入最关键的步骤——偷梁换柱，10天左右的木料加工，只为最后精确地与原有结构组装起来。这些天小葛也盯在现场不敢走开，都为这最后时刻捏一把汗。偷梁和换柱都需要暂时借助木杆支撑屋顶的重量，又因为穿斗木构依靠梁柱交界处的雨伞销拉结各段梁，保险起见，我们还配置了钢板，专门辅助拉结各项梁的力量。横纵的力都得到支撑后，才真正敢锯掉4根金柱和3根栋柱。这7根柱子几乎是原有结构中最重要的受力构件，也是传统意义上房屋的“顶梁柱”，锯掉这7根柱子，既是对结构受力的挑战，又是对传统观念的某种“触犯”。锯掉4根金柱的决定，曾一时遭到老木匠极大的反对和指责，幸亏葛师傅敢于突破传统观念的禁忌才成就了这“偷梁换柱”的创想。所有支撑杆就位后，木匠们开始小心

右 换柱：短梁对位（一层）
左 换柱：与叠梁交接

东二楼套房

中堂

翼翼地用滑轮抬升重达200斤的新梁，又缓慢地对准老木匠事先开好的榫口。可以想象，当一座传统的木结构老房子，其中一根梁柱发生朽坏或者虫蛀的时候，也就是像这样替换的，其开在两侧柱子上的榫口要一深一浅，以便新梁可以先从一边插入，再对准另一侧插接完成。在我们了解这一替换工艺之前，都没敢想象这样大胆的替换方式，还保守地在原柱两侧增加了杆件以固定新梁。5根新的叠梁，就是这样依次被有惊无险地安装上去。

到了最后两天，工匠们开始了最惊险的换柱工序。同样地，还是先固定支撑杆，但其难度远远高于换梁。柱子需要与原木结构的二层梁高度、一二层楼板完成面高度、一层两向梁高度，以及地面高度依次对齐，任何一个高度尺寸的误差都会导致整个木结构受力不均匀或出现倾斜，而且换柱机会只有一次。此时，所有的工人紧紧围绕在这一根新的束柱四周，上下楼层相互配合，互相喊着劳动号子，让各高度点位逐渐对准，场面十分震撼。人们盖房子，固然需要很多人的协力，他们呼喊着劳动号子，一纵一纵地抬起框架，再将其连在一起。我想到台湾建筑师谢英俊的团队在四川灾区组织村民协力造屋的场景。一种代表现代的、精确预制化的轻钢框架，伴随淳厚激昂的四川口音的劳动号子，像盖传统木结构房子一样被盖起来。这

中堂二层

西餐堂

一建造场景，如同我眼前的场景，似乎打通了很多东西。那些学者们热烈争辩的传统与现代、工业与手工孰是孰非的议题在生动真实的劳作现场面前，更像是飘忽不定的概念游戏。当空间中三组束柱站立起来的那一刻，我确确实实感受到了，来自木结构内部的巨大力量，殊不知木匠师傅一如往常的榫卯加工，创造出脱胎于传统的现代性，而匠人们是支撑这个新时代木结构的脊梁，我见证了这一瞬间和这一刻的历史。

## 从房子到人居

驻场时日虽只有短暂的20天，却远远超出我在学校教学中所能获得的经验。真实的建造经历，突破了我对学院建筑学概念的理解，促使我直面材料与工艺现场，审视以往接受的建筑学教育，并在与工匠共同生活工作的日常中，反思建筑师与木匠之于中国当下的身份角色，侥幸抵达“乡建”这一宏大课题。本文之记述，仅一次乡建个案，却望能为更多介入中国乡建浪潮的群体，提供微薄的经验，以期建筑师能真正继承和改良传统建筑形制、结构系统和施工智慧，更重要的是借乡建之路径，持续思考中国广大群体的当下生活与人居未来。

设计师介入中国乡建的历史非常短暂，真正成为社会性话题几乎是近三五年的事情。短短三五年内，乡建模式已经历快速的更新迭代。他们中的大多数怀揣着极高的设计热情和熟练的方法来到乡村，然而基本上习惯性地缺失对中国乡村文化的审慎阅读和亲身体验，带着城市人对现代化生活的想象，将城市观念与城市模式粗暴地植入乡村的文脉。其中，极少人反思自身接受的设计教育，也极少人反思中国乡村的真实需求，因此出现了大批惯性设计。就在现在，面对已暴露的问题，亟须提出改良方案，积极地改善目前乡建潮呈现的投机与粗暴，否则近30年在大城市发生的集体性破坏将不可避免地重新上演。

建筑师进入乡村首先要协调的就是与木匠的关系。在建筑师进入乡村之前，木匠才是村里的建筑师和建造者，而如今建筑师带着一套新的思维方式也跑到村子里盖房子，甚至要与木匠协作盖房子，问题就来了。我经常感慨，到底有哪些建筑师真正考虑过传统工匠之于现代建造的优势在哪里？能否扬长避短，借传统智慧把现代房子给盖了，这是需要仔细地、真

合影

诚地面对的问题。作为一个侧面，现代建筑师与传统工匠两者对“精确”的理解就不同。建筑师抱怨施工质量的情况比比皆是，但曾有多少建筑师考虑过这类矛盾的本质原因呢？虽然传统工匠也有先天不足，比如面对材料与技术的更新，缺乏灵活应对和转化策略等，说到底那些整天抱怨施工质量的建筑师，还是把工匠当临时工在用，就算一个技艺过人的匠人到他面前，他还是会抱怨他钢板焊不直、混凝土浇不干净。此事恐怕双方都有责任。乡村建设如火如荼进行的当下，更需要我们重新审视建筑师和匠人这两种角色的真实困境与独特优势，更应站在传统与现代之间，深刻地反思自身方式方法，开辟一条新的实践道路。

驻场最后一晚，吃完饭和王灏在前童涓涓溪水边乘凉交谈，我只记得他说话的声音逐渐被水声盖过，听不太清了，但我至今非常感谢他，把我派在工地，让我经历一段改变我职业道路的，也许是推动中国乡建的20天。

2017年9月10日 于东京

# 卷三　故土寻踪

徽祠记。系列

任丽　陈勃文

# 徽祠记。系列

任丽 陈勃文

［编者按］：本系列以徽州（一地理概念）和祠堂（一古代建筑类型）为线索，主要论述徽州祠堂的来龙去脉，浅谈宗族礼治的社会原理。了解徽州的宗族社会，可窥一斑而知全豹，加深对中国古代乡土社会的理解，亦可就祠堂这一类型的建筑文物，了解乡村基层的文物保存状态。了解我们的过去，是为了更好地创造我们的未来。笔者就手头既有的资料为基础，即兴提笔，随性而抒，亦望读者不吝赐教。

## 徽祠记之一

### 1

中国东南丘陵的地势起于徽州、杭州、宁波一线，此线以北是中国最大的平原区——华北平原和长江中下游平原（徽州山区以西的长江沿岸亦属中下游平原），一马平川直抵太行山脉和燕山山脉；以南是贯穿至岭南、延至南海海岸的大丘陵区——中国第三阶梯70%的山地都集中于此。因此从国家地理的角度看，徽州外加浙江省的大部分地区，即处于平原与山地的转折地带。徽州和浙江组成的这一片山域是中国丘陵地区的起点，而长江正是穿过大别山与徽州丘陵间的一条“细缝”奔流入海。

徽州（现黄山市）地处安徽省最南端，除了沿长江依次排布的马鞍山、芜湖、铜陵、池州、安庆为江城以外，长江以南的安徽省便都是徽州与宣城市的地界了，而宣城市又基本占尽了江南东北角的平原地区。群山围困下的六座县城，歙县、休宁、黟县、婺源、祁门、绩溪组成了旧时的徽州府。徽州有俗语：八山一水一分田。其实此话不尽准确，如果我们看高清卫星地图，在万米高空下，徽州这片土地除了山地，肉眼几乎看不见任何其他东西。因此徽州先民会感叹自己的命运：前世不修，生在徽州。对于生活在这样一片土地上的人们来说，走出群山的围困，是他们唯一的生路。

## 2

走出大山并不是所有山地百姓都能轻易做到的，尤其在只能依赖原始交通工具的古代。然而“位处山地与平原的转折地带”这一点决定了徽州的先民可以走出大山。绩溪人胡适先生在他的回忆录中曾谈到过，徽州人在穷困潦倒时安慰自己的一句话便是：不要慌，十天到余杭！因此虽然徽州先民“前世不修”，生在闭塞、缺少农耕土地的山岭地区，但大山之外便是无限繁华的江南平原市镇。于是，历史上有了吃苦耐劳的徽州先民，也有了徽商在江南长达四百多年的繁荣。

面对四周的茫茫群山，徽州古人开拓了几乎所有可能的通道——一条新安江水路，若干条古道陆路，朝着四面八方背井离乡。“徽杭古道”是绩溪入杭的最近通道。“徽安古道”自休宁县入安庆，转水路长江即可通武汉。长江作为中国最重要的交通通道，承载了徽州盐商运两淮盐入湖广、载湖广米至长江下游的贸易。“徽宁古道”自绩溪出关至宁国县，入了宁国，便是长江中下游平原的平川沃野，于芜湖入长江可直通南京、扬州，再沿运河北上便可直达北京，因此徽宁古道亦是官员往来徽州的主要官道之一。“徽开古道”自歙县向南至开化，通向浙江省内最大的盆地——金衢盆地。“徽浮古道”由休宁至江西浮梁县，入鄱阳湖，通长江，是往返湖赣的最短路线。

因翻山越岭的不易，徽州六个县域的人会以其出山的最短路线决定他们落脚的目的地，如绩溪商人胡雪岩，当年通过绩溪的徽杭古道前往杭州开铺，而前中共中央总书记胡锦涛的先辈们离开绩溪老家到江苏泰州时，走的亦必定是北上最近的徽宁古道。这个地理因素，使徽州各县形成一种方向固定的人口流动模式，如江苏、浙江和其他处于徽州东北方向的徽商，必多来自绩溪与歙县；祁门、休宁的徽商则多去往湖广发展。

这些徽商赖以生存的命脉通道，不仅传递了当时的贸易往来，亦将徽州自身的文化特质向周边地区传播开来。在今天的江浙、湖广能尽数看到各类徽州建筑的风格元

宋人李成所绘《茂林远岫图》中两处山川峡谷中行路的旅人，或许最能体现旧时徽州人翻山越岭的不易

素，而因为新安江交通的便利，其所流经的浙西、浙中地区则更是深刻地反应了徽州文化影响的强势。新安江即钱塘江，在徽州至建德市（古称严州）梅城镇一段称新安江，梅城至富阳一段称富春江，富阳至杭州湾入海一段称钱塘江。短短钱江，一江三称，每一个名称在中国历史上代表着一个特定的文化符号。自徽州蜿蜒而出的新安江有如此深厚的人文积累，与其流域繁荣的交通必有极大关系。除了建德和杭州，在梅城所分出的新安江支流——兰江，将徽州人的影响力带向了兰溪、金华（古称婺州）和衢州这一片大盆地，因此对于浙江的中西部而言，徽州的文化特征是其重要的组成部分。

徽州先民不仅没有自困于群山的包围，反在明清两代徽商崛起的过程里，将其独特的徽州文化不断在历史的演进中向周边地域扩散，冲出重围，形成一个广阔的徽文化影响圈。

现代徽州人的祖先主要由西晋至北宋的三次人口迁徙中的外来人口构成，当初的中原士族家眷在南迁过程中选择这片山地，主要是考虑了封闭的地势可以避免王朝覆灭所带来的战祸。但在太平年间，徽州人口不断繁衍，地少人多的弊端就完全暴露出来了，徽州人迫于生计，不得不离乡谋生。但这样的人口流动，却未让徽州散尽。徽州人的主体源自衣冠南渡的士族后裔，因此其文化本身源自中原传统，这一文化最大的特征，便是一种带有浓厚宗法秩序的家族观念和制度，徽州在这方面的特征表现，可以作为中国宗族社会制度的一个典型。清初学者赵吉士在他的《寄园寄所寄》中写道：

新安各姓，聚族而居，绝无一杂姓掺入者，其风最为近古。出入齿让，姓各有宗祠统之，岁时伏腊，一姓村中千丁皆集，祭用文公家礼，彬彬合度。父老尝谓，新安有数种风俗胜于他邑，千年之冢，不动一抔；千丁之族，未尝散处；千载之谱系，丝毫不紊。主仆之严，数十世不改，而宵小不敢肆焉。

徽州人不忘自己出生中原，虽早已毫无联系，但这种根源的意识早已浸濡成一种自然的心理。直到今天，都能时常在徽州乡间看到一些对联，“河南根基远，家族世代新”。

休宁县黄村的荫余堂，是黄姓徽商于嘉庆年间所建的宅第，先后有八代子孙于此居住，本是一座非常普通的徽州民居，但在1996年面临拆迁命运时，被美国皮博迪博物馆的一位研究员发现并购买下来，完整拆运至美国，于马萨诸塞的博物馆重建。当地学者对这座清中期的徽州民居做了完整的研究，从其家族史的变迁至建筑完整的结构和功能。

徽商逐渐败落了。中华人民共和国成立之后，黄氏后人离开家乡飘落至上海，荫余堂的子孙们亦都离开了这座老宅，四散各处。只是这次离开家乡是永远地离开了。

## 徽祠记之二

### 1.宗法・礼治

我们从小就被告知一件毋庸置疑的事实：中国是礼仪之邦。老师常以此为根据，教导我们做人要有礼貌，要尊老爱幼。许多人也以此为根据，感叹当今的世风日下。然而，大部分人都误解了礼仪之邦的含义。

礼仪二字的含义，不是礼貌，也不是说一个人的“素质”或“仪态”，礼仪是一种社会制度。中国古代最早的礼仪著作是《周礼》、《仪礼》和《礼记》，合称“三礼”。礼制系统之庞大、礼数之繁，有“礼仪三百，威仪三千”之称，其内容包含了一个人生老病死的过程，以及种种社会关系。因此，礼仪之邦准确的含义应是以礼制规范形成社会秩序的国家。

西周灭亡后，礼仪制度的主体和精神被儒家学者所继承，徽州宗族社会的结构基础是典型的儒家宗法礼制。这句话须从两方面理解：一是宗法，其中隐含的含义是建构和维护父系血缘关系下的宗族内部秩序的制度；二是礼治，直接继承于儒家经典学说的一套完整道德准则。

宗法的建立是崇尚祖先崇拜，在继承周代宗法制的基础上，形成的一套以严格维系宗族内部血缘、尊卑和长幼秩序为核心目的的民间制度，在以宗族为基本单位的乡土社会里，它扮演的是一种强执行力角色。

礼治的依据是儒家的经文，是判断是非曲直、规范人们行为的标准和依据。礼治对于社会秩序的维持是基于一种社会共识，是传统的习惯性延续。如“孝悌”是之于亲属的基本要求，“忠信”是之于朋友的行为准则。

若我们把今日的现代法治和中国传统的宗法礼治比较来看，二者最明显的差异便是，法治的基础乃是以法律条文为依据，国家以强制力为后盾，建立、维护和限制全社会各个阶层的秩序。然而在古代中国，国家强权的执行力和法律条文都有极大的局限性，中央政权的行政分级也仅能触及县一级，因此在广阔的乡土社会，社会基层的秩序就需要用礼治来约束。

礼治在宗族内部发挥着以儒家伦理哲学或乡土社会的传统习惯约束个人行为的作用，宗法则重在维系族人关系，并以其各类的家训和族法去反向保证礼治的法统地位。

“君子务本，本立而道生。孝弟也者，其为仁之本与。”

——《论语·学而》

在宣扬“忠孝”这类美德的同时，儒家的道德标准也保证了在宗族秩序中家族长老的权威地位和自下而上的秩序结构。

### 2. 宗族 · 徽商

家族（亲属关系）研究是社会人类学领域里最古老的问题之一，我们可以将“家”的构成原理及关系表示为：

家庭 —生育→ 家族 —分家→ 宗族

同姓宗族 —联宗→ 异姓宗族

家庭主要承担的是“生”和“育”的功能——当双亲将子女抚养成人之后，子女便逐步脱离旧有的家庭，而去构建一个新的家庭，并作为新家庭的母体重复下一代的生育任务。但中国的宗族，在结构上需要满足以下条件：它应该是一个跨度在三代以上的父系社群，构成一个单系延展的家族。家族在东西古今都有，并不特殊，因此决定宗族特性的便是，这个父系社群必须有一个共同奉祀的祖先，作为直系亲属以外的人口联系在一起的血缘依据。宗族的特征在于多个直系“小家族”拥有一个共同的“宗”，或曰血缘联系上的根。但随着子孙的繁衍延续，紧密的血缘会被树状式传代所逐步稀释，宗族的延续性比家族绵长。宗族亦分大宗族与小宗族，小宗族局限在一个家族的前后几代，供奉分支先祖，各立支祠。大宗族则是一个村落乃至多个村落所有同姓家族的总和，供奉一个始迁祖，共立一座宗祠。

宗族的结构内部，其承担的功能不再只是生育，更包括了政治、经济、宗教等的综合性事务的经营。宗族作为一个事业单位，它的规模某种程度上决定了事业的规模，反过来说，事业规模也决定了宗族的势力。在今天的徽州，我们仍可以触摸到那些大大小小的宗族世代留在这片土地上的痕迹，即便其中许多早已被埋入废墟，只剩下一片颓垣断壁的破败景象。

歙县棠樾的牌坊群（右侧）和三座祠堂，都是为了展现这个宗族曾经的荣耀
摄影：任丽、陈勃文

在宗族的各类族产中，祠堂始终都是宗族势力最直观的表达。不同于苏州世家更重视活人在世所享受的大宅园林，徽州宗族更热衷于建造一座华丽的宗祠，将祖辈过往的荣耀和世代子孙所获得的成就通通归集在这一座纪念性的建筑里。宅院民居是属于在世家族的，无论这个家族当时的地位如何，始终是要面临分裂的（如兄弟间的分家）。但祠堂不会被分解，它本质上应该永远存在，过世的祖先永远都在，所供奉的一方方小小的牌位便是每一个祖先在天之灵的凭证，徽州村落中散布着的各类祠堂就是宗族精神在物质上的联系。

为什么徽州的宗族文化如此根深蒂固？徽州人先祖的文化源头来自中原，历史上导致徽州三次人口迁入的事件分别是魏晋时期的永嘉之乱、唐末的黄巢之乱，以及北宋末年的靖康南渡。那些北方的衣冠望族将中原的士族文化随着家眷一起带入了这片东南山林，并逐渐代替了原先居住于此的山越人。徽州有座著名的“程朱阙里”坊（毁于20世纪70年代），石坊正面题“程朱阙里”，背面题“洛闽溯源”。徽州人对于祖先迁徙的历史和他们在中原的祖居一直都深印在脑海里。“阙里”本是孔子的故居，这里用来表示：徽州是两程和朱子的故里。因此，传统和儒家，在徽州一直都是被人们重视和纪念的。

同时，宗族的存在有其实用意义，尤其体现在政治和商业的经营上。徽商崛起的背后，宗族势力的保障与团结具有决定性的意义。如婺源商人程栋最早进入汉口，以后其族人逐渐进入汉口，形成程氏家族对汉口的商业垄断。徽商极为重视修族谱，这不仅是维护家族统一的情感需要，更是获得商业信息和帮助最为稳固的依据。徽州宗族间的相互依赖，同时也为其贸易中运输、仓储、采购、销售提供了便利，从而极大降低了成本。徽商在这种宗族经营中获利越多，便越重视维持这种宗族模式。舆论上继承了儒家正统，又兼顾其切实利益和情感的维系，因此徽人直至今日都深以这种宗族文化为傲。

### 3. 宗教

这一切制度的来源和保证，都是基于人们所信奉的、那一代代虚幻缥缈的列祖列宗。中国人是一个将祖先随时都背在肩上的民族，人们一刻不敢轻怠了这份敬畏。因为他们知道，这份对待“死人”的态度，决定了活人的社会秩序。中国人的祖先崇拜并不是信仰，但对祖先的崇拜几乎深烙在每个人的心里，其影响力之广、之深、之长久，又可说胜过了对任何一种宗教的信仰。最能反映儒家对鬼神祭祀态度的一句话，可能就出自孔子之口：

务民之义，敬鬼神而远之，可谓知（同智）矣。

对鬼神“敬而远之”，是儒家学说的标准答案。朱熹对于这段的注释写道：

专用力于人道之所宜，而不惑于鬼神之不可知，知（同智）者之事也。……程子曰：“人多信鬼神，惑也。而不信者又不能敬，能敬能远，可谓知矣。”

也就是说，应当把心力用在建立和维护“人道”之上，鬼神如何，不是我们人应当深究的。随后又引程颢的话：过于信奉鬼神，会使人迷惑。若是不信，却又不能对鬼神恭敬。能尊敬而又能不被影响，那就是有智慧了。之后孔子再被问及鬼神时，干脆回答：“未能事人，焉能事鬼？”儒家始终强调的是对百姓的教化和社会的秩序——那些现世且可被把握的事情。这种入世的态度像极了爱因斯坦的言论：

我信仰斯宾诺莎的上帝，他以宇宙的秩序与和谐来示现，而不是那个会干涉人类命运和行为的上帝。

即我敬畏上帝，前提是上帝不干涉现世的我。徽州人不会真的去思辨鬼神的存在与否、对祖宗祈祷是否灵验。在虔诚的敬畏底下，更为人们所重视的，恐怕正是那一套保证这个社会制度运行所应有的仪式和礼法秩序，即所谓的“人道”。

正所谓敬胜百邪，儒家学说所宣扬的，更多是一种敬，而不是信，这种敬畏之意，使人们对于那些不确定的神灵得以保持距离，不靠近，也绝不亵渎。这是一种非常智慧的手段，一种非宗教的信念。

### 4. 家风

以徽州为代表的宗法礼制，早已不再适应于今天的法制社会体系，那么我们的“祖宗”于我们还有什么样的意义呢？我认为，先人于今人最大的意义，仍应是他们所具有的道德、品性、意志等一切应当得以继承的优秀传统。

对于一个国家，人们以其民族所产生的历代先贤为榜样，继承其精神智慧；对于一个家族或家庭，我们同样有这样的机会和需要去承接先辈的道德遗产，即便只是我们普通小家庭里最质朴的百姓民风。古人讲：耕读传家。作为每个家庭里的一员，我们应该着意去养成一些如“仁义礼智信，温良恭俭让”的优良家风，因为这些道德教育是学校难以传授的，而我们民族优良的道德传统，是真实存在过的参照体系，它给今日的中国社会带来持续的启示。

## 徽祠记之三

### 1

民间立祠在中国历史上并不是自古就广泛存在的，今天我们所能看到的徽州祠堂乃至闽南、浙江等其他地区的祠堂建筑最早不过明代而已。这期我们就根据一些既有的史料证据，来讲讲祠堂是如何在民间兴盛起来的。

明朝草创之初的洪武时期有过多次对于祭祖的规定，以《朱子家礼》为模板修编而成的《大明集礼》代表了当时国家性质的礼制象征。《大明集礼》卷六《吉礼六·宗庙》有“品官家庙”“家庙图”“祠堂制度”诸条，这是明朝最早的祠庙祭祖规定。其中品官家庙一文写道：

先儒朱子约前代之礼，创祠堂之制（即《家礼》的内容），为四龛以奉四世之祖（高祖、曾祖、祖、父），并以四仲月祭之……至今士大夫之家遵以为常。……庶人无祠堂，惟以二代神主置于居室之中间，或以他室奉之，其主式与品官同而椟。（这段文字表明，在这一时期，祭祖的礼制仍仅是官宦家族的特权。）国朝品官庙制未定，权仿朱子祠堂之制，奉高曾祖祢（mí）四世之主，亦以四仲之月祭之……至若庶人得奉其祖父母、父母之祀，已有著令，而其时享以寝之礼，大概略同于品官焉。

以上内容算是明朝第一代皇帝对祭祖制度的官方概述，基本上原样照奉了宋人朱熹所撰《家礼》中的祠堂之制。当时的实际状态是家庙制度未定，且民间祭祖有其实际情形，因此“权仿朱子祠堂之制”，定下品官祭四代祖而庶民祭两代祖的规矩。

至嘉靖时期，发生了“大礼议”事件，这原本仅是皇室内部宗庙制度的争议，却因为夏言的奏疏实行“推恩令”，而直接推动了民间祭祖制度的改革。夏言的这道奏疏全名为《请定功臣配享及令臣民得祭始祖立家庙疏》，从其疏名即可知，夏言要在嘉靖皇帝“九庙告成”之际，请求臣民“得祭始祖”，而不仅仅是两代或三代。因为在明嘉靖之前，礼制规定只有皇室贵族才享有建立祖庙祭祀始祖的权利，民间祭祖僭越礼制。

## 2

为什么原先普通百姓不能建祠堂祭祀祖先？这其实源自一种非常古老又耳熟能详的古代礼法：宗法制。《礼记·大传》记载：

别子为祖，继别为宗（大宗），继祢（过世之父）者为小宗。有百世不迁之宗，有五世则迁之宗。百世不迁者，别子之后也。宗其继高祖者，五世则迁者也。

要明白以上这段话，首先要明白什么是大宗，什么是小宗。大宗小宗非绝对概念。天子的嫡长子继承天下，别子（庶子）成为诸侯，二代天子就是大宗，诸侯之于天子就是小宗；诸侯的嫡长子继承诸侯，别子成为卿大夫，此时诸侯世代的嫡传就是大宗，奉戴始祖（第一代诸侯）。故《礼记》载：“诸侯不敢祖天子，大夫不敢祖诸侯。”比自己地位高的祖宗是不能随便认的，因为对于小宗而言，其后世子孙的地位已因自己的庶出身份而被降级。宗法制，正是通过祭祀的特权来保证嫡长子继承的稳固性。按《礼记》的说法，大宗应只针对“皇统”而言，别子之后是“百世不迁”（意为后代持续奉祀始祖，不改变），普通百姓官民都是“五世则迁”（即奉祀自己以上的四代祖先，共五代人），是继承“高祖”的小宗。

这就是为什么明清之前的普通百姓不能祭祀始祖，奉祀的世代越高，意味着身份越高。而在明清祠堂出现以前，祠堂是只相对于“皇统”大宗才存在的祭祀制度，官民之家只有所谓“家庙”的概念（庶人祭于寝），家庙最多供奉四代先祖，这一规定直到朱熹的《家礼》，仍是被明确限制的。

直到嘉靖皇帝朱厚熜的出现——一个原本和皇位八竿子打不着的藩王（兴王），因为堂兄正德皇帝是独生子，早逝且无子继位，才意外成为皇帝。根据宗法制，朱厚熜在成为皇帝前就是属于皇室小宗，大宗无以为继，才找了一个小宗来替。而“大礼议之争”所争的，就是帝位的“继统”问题——他要破例追封其亡父的帝王谥号，以此来表示自己是以嫡子的身份继承大统的。这是新皇帝本人出于自己的立场对旧礼制的一次反抗，最终带动了民间礼制的改革。

嘉靖之后，旧的限制被打破，官民百姓皆可奉祀始祖了。于是，人人都有了一个所归属的“大宗族”，这是中国历史上宗法制的一个极大的转变，一种新的宗族秩序在民间诞生了。大宗曲解成了“大宗族”，小宗曲解成了“小宗族”（这两者只有大小之分，而无等级差异），乃至于“家庙”这种称呼也逐渐消失，而产生了“宗祠”“支祠”的分别。这些礼制的改变，除了嘉靖年间的一道推恩令，在明朝官方修编的《大明会典》里并没有明确的规范说明，实际上成了一个被默认的宽松政策，逐渐成为一种民风习俗，在明清时代的南方社会里扎下根来。若在古代圣人眼里，这恐怕是一次彻底的礼崩乐坏了。因此，我们应当知道：今天认知里的宗族社会以及宗族秩序，仅有明清两代四百多年的历史，“大宗族”实际是一个新的概念，祠堂对当时的人们而言，也是一件全新的事物。

在徽州，嘉靖二十六年（1547）的进士汪道昆在《许氏家庙碑》中写道：

夫七世之庙惟天子尊，次五而三，次二而一，要皆以位为差，不仕不田，不田不庙，礼有顺而讨者是也。文公之制《家礼》也，位不必同而庙同，

徽州婺源经义堂，可以看到建筑整体明显的起伏关系 摄影：任丽、陈勃文

我世祖（即嘉靖）因之，全九为一，无虑诸侯王大夫士庙一而已。吾郡故行礼俗，尊世祖而法文公，凡诸贵族世家一祠足矣，礼有经而等者是也。即祠而庙，君子何谓已渎乎，宗则有祠，继别而为大宗也；家则有庙，庙继祢而为小宗也。

这是当时寻求民间建祠合法性的一个说辞——“不论诸侯、王、大夫、士，都建一样的家庙”“地位有高低之差，但祖庙和祭祀可以一样”，加上有了嘉靖皇帝本人的行动表率，这股在民间兴建祠堂的浪潮就此拉开序幕。

## 3

祠堂形制及其祭祀礼俗是如何被定义的呢？

《家礼》卷一开篇即写道：“君子将营宫室，先立祠堂于正寝之东。”文字明确描述的祠堂形制是：三开间，中门，外门，两阶和周垣（四周围墙）——只有这五个元素和祠堂建筑真正有关，十分有限。

后人根据《家礼》的文字描述，揣摩并绘制出不尽相同的图示，这也正是明代探索“祠堂”这种新的建筑形制的开端。

参照朱熹在《家礼》成书之前借鉴的司马光私撰的礼书《书仪》中的影堂图可知，家礼中所描述的那个“三间”的祠堂主要是为了“供奉祖宗牌位”，举行祭祀典礼只需要在阶下的空地处便可，或者“以屋覆之，令可容家众叙立”，极度简陋。但这一功能空间，实际上就是今天所见的祠堂里最为庞大而宏伟的“中堂”（享堂）。在《家礼》中，并没有关于确切设置“中堂”的叙述，但在《大明会典》的家庙图中我们可以看到“中堂”建筑被明确化，这可以理解为“影堂”扩大为宗族“祠堂”的一个必然现象。同时，嘉靖时期祭祀制度的开放，也导致我们今天所看到的明清祠堂，因为宗法礼治的重新定义而被极大丰富，形成了许多前世未有的新功能和新形式。宋代的《家礼》已经无法完全被明清的建造所参考，必须更多地结合现实需求和当地的建造习惯。随后，各地出现了许多不尽相同的祠堂形式。但值得注意的是，无论真正的主体建筑——中堂的“规模”

多大，“规格”最高的总是奉祀祖宗神主的寝堂，因为寝堂的台基一定比中堂高。这是我们的先祖在解决“现实功能”和“法理需要”时所必须用到的办法。

那么祠堂真正的形制，和《家礼》所规定的又有多大的联系呢？从我们的实际考察来看，浙江部分地区的祠堂，在平面和功能的布局上是最符合《家礼》的规定的。但在徽州地区，祠堂成为一组递进式院落的整体，并产生了明确的“中堂”（宗族举行典礼、议事之用）与“寝室”（摆放祖宗牌位）之分，这种变化显然受到当地原有建筑特色本身的影响，或许可以理解为徽州祠堂的形制是民居的扩大版。当然，在徽州也有一些例外，祠堂的建造形式不一而足，但古代先民一定在相当程度上遵照古典礼法的规制，对当时的人们来说，越有根据的建造，便越具合法性。

在罗马和巴黎分别有一座建于不同时期的*Pantheon*，同样是拉丁语*Pantheon*，在我们汉语的翻译中将罗马的译为“万神殿”，却将巴黎的译作“先贤祠”。因为巴黎的先贤祠是不具宗教性质的殿堂。这里安葬着为法兰西的历史进程做出贡献的伟大人物：启蒙运动时期的伏尔泰和卢梭、作家雨果和大仲马、物理学家居里夫妇和朗之万、法国社会主义之父让·饶勒斯等这些法国历史上最为璀璨耀眼的人。建立一座国家先贤祠是为了敬仰、怀念，也是一座鞭策后人传承先辈精神的纪念碑。

在中国的许多村落里，除了不同家族的祠堂，也有公共的先贤祠。祠，是为了纪念过世之人的建筑形式，这类纪念的行为对于当代精神的反思是有意义的，除了对逝者所怀精神的纪念与启示，亦涵养了后人的庄重、礼敬之情。正如宋儒明道先生（程颢）所说的：“言不庄不敬，则鄙诈之心生矣；貌不庄不敬，则怠慢之心生矣。”

## 徽祠记之四

祠堂经历了明清两代的迅速发展，终于在近代历史的洪流演替中走向终结。我们已经知道，祠堂是一个基于社会基层祖先崇拜所演化出来的图腾，又在不断结合宗法制度中逐渐形成独立的功能，但随着民众信念和社

歙县上丰村的施政堂，曾改造为一所小学，寝室部分现仍保持着小学的原貌 摄影：任丽、陈勃文

会组织翻天覆地的变化，祠堂这种物质的存在终将面临它所处不同时代下的不同命运。中华人民共和国成立以后，祠堂作为封建社会的产物而被无情革命，“破四旧”中大部分祠堂被拆毁或改造。据地方志记载，仅婺源一县祠堂最盛时达2 000多座，一村之中，少则两三座，多则二三十座。整个徽州一府六县，祠堂不下万座，今天我们能看到的只是其中很小的一部分。

在红色年代里，所有祠堂也无一不被投入“为人民服务”的社会热潮中。大部分祠堂因其绝无仅有的空间规模而被改造为当地的学校，或农业加工厂、仓库。一部分受到了破坏性改造，一部分则被相对完整地保存下来，但大部分祠堂的命运仍是无须理由地被强制拆毁，拆毁追求的是一种象征意义，表示“新”社会对“旧”事物的彻底决裂。

激进的时代过去以后，祠堂仍旧是一个尴尬的存在。因宗族制度而诞生的祠堂，在一个新兴、开放的社会里应该扮演怎样的角色呢？祠堂的存在对于我们又有多大的意义呢？其实，无论我们如何研究讨论祠堂的再利用，保护、保存好这些历史文物始终是当下最紧要的工作。祠堂的历史功能走

歙县赵村的叶氏宗祠，曾被改造为一处农业加工厂，前后进结构被改造拔高，以满足工厂室内高度的要求 摄影：任丽、陈勃文

到了尽头，但祠堂的文物价值没有终结。我们来梳理一下几种徽州祠堂的保存状态。

一座祠堂被评定为国家级、省级、市级、县级文物保护单位取决于很多因素，历史的、艺术的、科学的、文献的、人类学与美学的价值，此外还有保存现状与利用价值。整个徽州地区祠堂目前现存遗构有515座，被指定为文保单位的有141座。

今日的徽州祠堂主要呈现四种保护状态。

第一种即是被指定为重要的文物保护单位。其中有一些祠堂位于旅游开发区，祠堂作为一处重要景点自然被很好地保存了起来，如绩溪县龙川村的胡氏宗祠、徽州区呈坎村的罗东舒祠，都是全国重点文物保护单位。而龙川和呈坎也都是目前徽州有名的旅游景点，其村落结构保护亦相对完整。这类祠堂大多是规模大、规格高，保存状况最为完整，也是

龙川村胡氏宗祠 门楼
摄影：任丽、陈勃文

呈坎村罗东舒祠
摄影：任丽、陈勃文

普通游人最常接触到的“最美好的一面”。

另一些祠堂的所在地并非旅游景区，因此即便是国保单位也鲜有游人，附近的村民被委托保管着大门钥匙，进门参观的多是来考察的政府领导或研究人员。这类祠堂被以一种“隔绝”的方式保护起来，一般村民平时不被允许进入，有过几次大修，但因常年无人使用，荒草杂生，略显一种日薄西山的凄凉孤寂。在文物保护机制中，任何一座国保单位都有专款维护，因此此类祠堂建筑的主体结构大多得到了较好的维护。

郑村郑氏宗祠牌坊
摄影：任丽、陈勃文

如歙县郑村的郑氏宗祠，始建于明成化二年（1466），清康熙五十二年（1713）大修，其建筑的主体结构仍大多是明代遗物。祠堂布局以牌坊、门屋、享堂、寝室为序列沿中轴线呈对称布置。各进之间连以廊庑，是典型的徽州廊院式祠堂。巍峨的享堂空间高敞，用材粗硕，梁架结构古朴。推仪门而入，有如置身一座被荒弃的宫殿，宏伟的建筑外形显示出昔日的辉煌，与略显破败的乡村形成强烈的反差，这大概是笔者见过最有气势的徽州祠堂了。

第二种保护状态是古物新用。这里又可区分为两种再利用方式。一种是在对祠堂实施了保护性修复的基础上，赋予旧祠堂新的功能，使其从宗族的公共空间变为村民的日常活动空间，从一种仪式性的神圣场所，转化为日常性的开放性活动中心。最普遍的功能设置是“老人、儿童活动中心”，如富堨镇仁里村的程氏宗祠。这种功能的转化，显然充分反映了目前中国乡村的基本社会面貌，留守儿童、留守老人成为乡村主要人口，而年轻人多半进城务工，一切惠民政策的对象只有老人儿童。一座建筑的生气取决于人气，而人的日常使用也是对一座建筑最好的保护，除了个别极为珍贵

程氏宗祠在规模和年代上都很普通，但这里的环境和人气让人印象深刻　摄影：任丽、陈勃文

仁里村的程氏宗祠现作为留守儿童活动中心来使用　摄影：任丽、陈勃文

的建筑需要以博物馆的保存方式被特殊对待，大部分的古建筑只需在采取一定的保护措施之下，以人养建筑，就不会有侵蚀它的白蚁，也不会有恣意生长的杂草。建筑本是为人所造、为人服务的，如果人抛弃了它，远离了它，自然物就会代替人把

它吞噬。我们应当以一种敬畏的心去面对我们祖先的文化馈赠，亦当以一种平常心去面对我们人类自己的文明创造。在不破坏祠堂原有建筑风格、结构的基础上，对失去原有功能的文物建筑赋予新的功能，使之适应当代乡村发展的需求，不失为今天激活祠堂的一种有效途径。

另一种是在一些有财政实力的村子里，我们也看到有些祠堂正在被试图恢复往日的功能。祖先牌位被重新供进祠堂，村里过世的老人也会按辈分制作新的牌位。同时，这里也被用来举办村里人的红白诸事，村民们以一种自己对祖宗的理解和崇敬去使用这个村子里占地面积最大的公共场所。如在《村治中的宗族》一书中针对目前的中国乡村社会现状所记录的一样，改革开放以后的南方村落，村民对宗族的认同和重视有不断复苏的迹象。这一状况在徽州也偶有所见。

第三种状态是被荒废的祠堂，完全沦为公共仓库的功能。一般村里老人会把生前就预备好的棺木存放在此（许多乡村的习俗，老人会在生前就为自己预备好棺木），村里干部对此种现状多半表达一种无奈的心态，财政无力支持，村落隐在闭塞群山里，破败而凋敝，只剩下零星的孤寡老人。平时一些民宅里无处存放的大件，便通通堆进祠堂里。村里偶尔迎来我们这些外乡人，一些村民也随之凑进平日难得光顾的祠堂，好奇地观望我们的工作。印象颇深的是，我们在测绘屯田村宋氏宗祠时，一位80多岁的老人摇晃着进到祠堂里，仔细掸去自己棺材上的灰尘，盖好塑料纸膜以免受风雨的破坏。祠堂所供奉的祖先离他们已经很远，红色年代里的小学和工

宋氏宗祠，创建年代不详，现存梁架为明代遗构，因其地理偏僻、保存状态不佳等外部原因，鲜为人知
摄影：任丽、陈勃文

厂也只留下模糊的记忆。这类被荒废的祠堂，虽是文物保护单位，但谁都无法保证其目前的状态能维持多久，亦无力改变它们风雨飘摇的命运。

里方村的胡氏宗祠，规模较大，为清代早期木构。“文革”时期改为小学，并未有结构性的破坏，近几年也因疏于维护而日渐残破，第一进仪门的大梁在我们造访前的几周里倒塌下来，后进寝室部分也是近几年才在风淋日晒里坍圮。祠堂平日大门紧闭，如若不是专门造访，甚少会有人知道，这也是目前的一种常态。

即使政府每年都会有文物保护的专项补助，但因资金有限，有些祠堂建筑的修复、日常维护工作只得处于半停滞状态。

第四种状态，祠堂仅剩下一部分残存。究其原因，大部分是在近几十年内被人为拆毁，少部分因年久失修而完全坍塌。过去许多祠堂的旧物件，当被认识到其经济价值时，被以极低的价格出售，其中一些是精致的石雕栏杆、木雕牛腿，一些干脆整栋木结构被拆移，今已不知去向。大部分村民在今天是有保护意识的，明白其价值非金钱所能衡量，追悔莫及之余，有时会以一种粗糙的方式新制一部分水泥仿制品拼贴回去。

在我们调研的所有祠堂中，最为惋惜的是一座后进足达十一开间的歙县绍村张氏宗祠，是属国保的罗东舒祠才有的规模。据当地教师介绍，其中进享堂七开间，月梁、木柱粗硕，一人不可合抱。该祠堂就是在十多年前被人为拆去的，今天我们已经难以想象这座壮阔的祠堂原有的样子。原享堂的位置现在是当地小学的篮球场，尚留存着一座明嘉靖二十一年（1542）的石碑、一座清康熙二十五年（1686）的重修碑。

下页图中绍村的王氏宗祠属著名的琅琊王氏之后，寝室须弥座上空空荡荡的台基边缘，原立有整排精致的汉白玉石雕栏杆，后被村里拆除售卖。图中，当地一位退休的小学校长正在擦拭这座摔损断裂的石碑，而他实际上并不是本村的王氏后人。

以上是我们在历次考察资料中所挑选的较有普遍性的案例，能够反应徽州祠堂目前的几种现状。祠堂的保护状态不佳，遑论其他规模更小、数量更多、更细的古民居呢！

老人向我们介绍了这座村子的历史和过去干净美丽的农村面貌，他虽不是这个村子的后人，却对这里如数家珍 摄影：任丽、陈勃文

《王源谢氏孟宗谱》中有记载：

朝夕聚于斯，出入由于斯，宾客燕于斯，冠婚丧祭之礼行于斯，若鲁署然。肃而不哗，粹而不悖，雍雍有序而不紊，诚不愧于斯堂之名矣。

除了其文物价值，祠堂是曾经宗族社会里最重要的见证，是我们从宗族文化中寻找根脉的物质见证，今天我们有幸站在一座宏伟的祠堂建筑里，所缅怀和体验到的，是我们文化中秩序井然的礼和忠孝仁信的精神。

## 徽祠记补遗

### 1. 黄山脚下的三槐王氏村

#### 山

在中国，或许会有人不知道徽州这个地名，却没有人不知道黄山这座山的名字。著名旅行家徐霞客很早以前就给黄山下了一个历史定位："薄海内外之名山，无如徽之黄山。登黄山，天下无山，观止矣。"但对于徽州人而言，重要的不止一座黄山。

在徽州北部有三座形成徽州天然地界的大山：牯牛降、黄山、清凉峰，自西向东，犹如三尊巨人，并肩屹立形成一道天然屏障。清凉峰是徽浙的交界处，为天目山脉的主要区段。牯牛降位于石台县（池州）与祁门县交界处，主峰海拔1 727米，是黄山山脉向西延伸的主体，古称“西黄山”。牯牛降以雄、奇、险著称，山岳风光绮丽绝美。

### 村

牯牛降的山脚下，有一座不知名的村子。从祁门县城出发，绕过曲曲折折的山路，来到一座大山面前时，就到历溪村了（在徽州去往一个村子，都少不了要走这样一段路。一座村子的选址，也体现了人们在夹缝中求生的不易）。这座大山就是牯牛降，这个村子名叫历溪村。

### 祠

历溪村不大，只有一座祠堂，名合一堂，属三槐王氏，发源于北宋时期的山东。三槐王氏遍布全国，是王氏子孙繁衍最大的支派，在《中国家谱综合目录》的王氏家谱目录中，冠以“三槐堂”堂号的家谱目录，占有堂号的王氏家谱总数的40%左右。三槐王氏在中国历史上的地位是不容置疑的。在很多地方，“三槐”一词就是王姓的代称。此地的王氏宗祠在规模上不算大，却是精巧别致，与整座村子和附近的群山相得益彰。

去合一堂测绘时正巧遇到当地的木匠师傅在整修中堂，我们因此也能有机会上到祠堂的梁架位置过一把梁上君子的瘾。

左　注意，在上下两个屋架之间用的不是一根柱子，草架用的柱子要细很多，因正常视线看不到这里，工匠便会在此处省料，也方便做工　摄影：任丽、陈勃文

右　平盘斗往往雕饰丰富，因在屋内时仰视会是视觉关注的重点，但在看不见的瓜柱接触面却是非常简单的处理　摄影：任丽、陈勃文

从历溪村望向牯牛降，此时黄昏将过，村里升起袅袅炊烟　摄影：任丽、陈勃文

中国民居建筑的实用主义就体现在，凡人视线看得到的地方，一定极尽雕琢，不同位置的柱子的粗细之分极为讲究；但凡是人视线看不到的地方，一定能简则简，不浪费半点木料。如果穿行在一座木建筑的屋架之间，这种反差就表现得极为明显。传统木匠其实就像是一个舞台上的演员，他通过各种服装道具把最好的一面展现给你，但观众永远都不知道后台里的真实情景。

## 2. 日暮乡关何处是

分山村（化名）位于歙县与绩溪之间，这里围绕着金窝岭及飞布山支脉，村中民居依山分布，古树掩映。山泉自村中、宅间冒出，淙淙悦耳。在村脚仰望，粉墙黛瓦，重檐叠翠，错落有致。这座村子由两个不同宗的王姓组成——太原王氏与琅琊王氏，在进村拱门之上镌有“蔚然深秀”四字，典出欧阳修《醉翁亭记》：“望之蔚然而深秀者，琅琊也。”

新建的合福、杭黄高铁从周围的三座村子中间穿行而过，对于以平均每小时260公里的速度穿行而过的乘客来说，呼啸而过的一瞬间，留下的是一片古色古香和绿水青山的大致印象。高铁经过处曾经是分山村古树郁荫的水口。

但是，世世代代生活于此的村民们，真的是如那一眼的印象一般生活在淳古美好里吗？

分山村村外的山里有着丰富的石灰岩和石煤等矿藏。这座封闭的村子长久以来依赖着石料厂和碳化砖厂为村民创收，同时村委利用石煤渣等废弃石料创立企业增加收入。村子附近现有石灰立窑十几处、碳化砖厂6家、石料厂两家。石灰、碳化砖和石煤渣等建材支援了黄山市及宣城等地的城市建设。

石灰岩是烧制石灰和水泥的主要原料，也是炼铁和炼钢的熔剂。石灰岩的分布相当广泛，岩性均一，易于开采加工，是一种用途很广的建筑材料，同时在冶金、化工、轻工、建筑、农业及其他特殊工业部门都是重要的工业原料。石灰岩最常见的开采方式是采石场露天开采，但由于其粉尘污染

祠堂航拍　摄影：任丽、陈勃文

和噪声污染严重，开采场地应当远离居住区。

中国长期以来遵循矿产资源“先开发，后治理”的模式，虽然某种程度上较快增长了经济和工业发展，但由此造成的生态破坏却难以弥补。开发资源本无可厚非，但在分山村，我们看到的不仅是生态的破坏，当地普通村民的日常生活环境也毁于这种畸形的生存模式之中。村子长年笼罩在严重的粉尘之下，凡入村的沿途道路坑坑洼洼，碎烂不堪，见者无不触目惊心。

老话说，靠山吃山，靠水吃水，当一座座山丘拥有的不仅仅是木材资源，丰富的矿产对于当地村民是好事还是坏事呢？在分山村，开采石灰岩是大部分村民赖以生存的支柱产业，各种窑厂矿山伴随着自己的生活，翻斗车轰隆隆地经过村子时扬起滚滚烟尘，一切清晰的日常景象瞬间被灰色微尘吞噬，经久不散。当地村民的不满和抱怨，在多年的习惯和无力改变之后似乎也就渐成常态了，其中滋味，真是不足为外人道也。

分山村航拍图 摄影：任丽、陈勃文

村中的王氏宗祠
摄影：任丽、陈勃文

确实，这样恶劣的生活环境或许给他们带来了比种田更好的收入，抑或对于困于山区、缺少耕地的人们来说选择本身就是一件极为奢侈的东西。但对于出生在这里的孩子们来说，他们从出生开始就失去了一个正常的童年，伴随他们长大的只有望不到尽头的尘埃。

类似的矿区在徽州绝不止于一处，我们并未特意走访，记录的都是测绘沿途的所见所闻。其中最大的一处在绩溪县，路过时就被极大震撼，从谷歌地图上翻找卫星图时，才发现其规模不下于一座小县城。

徽州的大好河山有数不尽的村落和阡陌，当游人陶醉于宏村、西递美丽的南湖和金黄的油菜花田中时，也请别忘了这片土地正在经历的哀愁和伤痛。靠山吃山的山被掏空了，淙淙细水、青青河池都成了绿藻泛滥的臭水沟，子孙后代拿什么追本溯源呢？游人眼中看到的一瞬间，在这里的两王子孙却已经居住了成百上千年，今后仍然要一直在此生活下去。

在这个平庸的城市时代里，乡村让我目睹了许多不平凡的动人景象，每一片土地都有它积淀许久的故事，内心对乡土的情愫被渐渐勾起。乡村的现实足让闻者伤心，见者落泪；乡村的未来又让人充满信心与遐想。

徽祠记所有的6篇只是简单叙述和记录了一段在徽州田间的工作与遐想，希望乡村的故事能被继续记录下去，而乡村的悠悠诗意和世俗民风，终会伴着乡村的绿水青山重新荡漾回我们的心间，民德亦终归于厚。

# 卷四　艺术介入社会

艺术参与社会的可能：从艺术研究者的角度　王美钦

艺术介入乡村：80后雕塑家的乡村主义路线图　周彦华

真实与改变的力量：社会参与性艺术创作在台湾　董维琇

# 艺术参与社会的可能

## 从艺术研究者的角度

王美钦

最近几年在华语艺术史研究世界中，出现了一些青年艺术史学者，他们以社会参与式艺术为主要研究对象，加入到对该艺术现象的思考、写作和交流的活动当中。选择这个研究方向，一方面体现了艺术研究者对全球范围内当代艺术的重要发展趋势的敏感和关注，另一方面也体现了他们对艺术介入在地社会和社群、激发个体和群体的能动性，由此参与到社会变革或创造并与之发生交互的兴趣。由于社会参与式艺术项目通常涉及某个群体或某个社区日常生活的方方面面，艺术家往往像民族志研究者一样，采取田野调查式的创作方式，对特定群体或社区进行采访、对话、观察、记录和收集数据，通过持续的交流寻找在地的自愿者并建立合作关系。经由这个相对长期、缓慢、有很多不可预知因素的过程而产生的各种作品，对其意义的阐释在很大程度上需要对在地的实际情境，以及艺术家与其的互动有比较充分的了解。自然而然地，这也要求艺术研究者要尽可能地进行身临其境的田野考察，并与理论思考相结合，才有可能比较全面深入地了解、分析或总结此类创作。

台湾台南大学的董维琇博士以《真实与改变的力量：社会参与性艺术创作在台湾》为题，对台湾自20世纪80年代以来社会参与式艺术获得发展的国际理论和实践背景进行综述，并具体分析其自90年代以来成为台湾当代艺术一个重要趋势的政治经济和历史原因以及因此趋势而引起的在批评、写作、展览和其他社会领域的反响。此文章来自她多年对台湾岛内多项社会参与式艺术项目的实地考察和思考，并结合对国际上社会参与式艺术的实践和理论的介绍，旨在强调此类创作能为台湾带来的改善具体社区群体生存和发展的积极社会意义。作者认为，许多不同专长领域的艺术家对政治、社会和现实进行思考与批判，为此带动形式各异、目标多样的社会参与式艺术，由下而上地创造出丰富的属于公众的集体记忆与文化样式。比如，有的艺术家通过作品走入街坊、公共空间、在地的社区和社群以及日常生活的现场，寻求与公众面对面交流和互动；有的艺术家从公众的角度出发，表达在地文化意识，记录个人与社会文化、土地、环境互动的故事；也有的艺术家积极为那些被迫害者发声，直接以政治、经济、现实为艺术场地，以追求社会正义为目标。虽然，台湾当代艺术在有关“文化公民权”“公民美学”“公民艺术行动”等方面的努力或许很难马上见效，作者认为艺术家需要的是持续地将美感经验以及对美与社群的关怀带入民众的日常生活、社区与环境中。她因而预测社会参与性艺术将在未来的世代扮演着相当重要的角色，因为当艺术家摸索着如何提升艺术在人与人、人与地方、人与环境、人与社会和国家之间作为再现与媒介沟通的能力时，也赋予个体与社群以一种崭新的能动性。这种能动性有助于艺术家与他们来自各个社会领域的合作者共同创造可见与不可见的新公众空间，形成新的文化动力。

在很多情况下，艺术家们发起的社会参与式艺术项目是持续多年的、正在进行中的，对此类项目的个案分析和阐释也必然带有阶段性的特征。同时，对艺术家们来说，这种研究本身也提供了一种交流方式，让更多的人得以了解他们正在从事的活动。来自四川美术学院的周彦华博士，根据她对正在进行中的“羊磴艺术合作社”的田野调查，以《艺术介入乡村：80后雕塑家的乡村主义路线图》为题，探讨一批来自四川美术学院的年轻艺术家如何通过艺术实践走进一个中国乡村，试验文化介入和重构公共空间的可能性。羊磴艺术合作社是由在四川美术学院任教的艺术家焦兴涛于2012年在贵州北部桐梓县一个普通而贫困的乡镇羊磴镇发起的艺术参与社会的综合项目。他带动了一批以80后为主的艺术家来到羊磴镇，通过与当地居民协商，共同创作公共艺术作品，至今已发展成为一个包括艺术家和居民在内的三十来个成员组成的合作社。周彦华从艺术介入乡村的角度，从重返乡村、制造“关系”、游走边缘和塑造身份四个方面分别对合作社的一系列具体作品进行分析，着重提出80后雕塑家的乡村主义概念并探寻其历史根源、当下意义、艺术性质和表现形式。周彦华也结合中国自20世纪以来的历史和政治经济状况对参与式艺术进行了思考。她认为，这一群80后的艺术家之所以选择一个乡村作为艺术实践的场所，是因为中国乡村不仅在地理位置上是个边缘地带，在政治、经济和文化意义上也是个边缘地带。这个双重边缘性，或者能为艺术家提供一个新的角度反思中国城市化进程中的诸多问题，同时能让他们与艺术市场保持着一定的距离并更大限度地避开政治红线，确保艺术创作的自由。反对简单地把艺术介入乡村等同于用艺术的手段改造乡村景观，她认为羊磴艺术合作社的独特价值在于它强调从艺术自身的角度来介入乡村，与村民展开互动，共同对文化身份和文化价值进行探索。

虽然两个作者以不同的研究对象为内容采用不同的写作角度，一是整合综述，一是个案研究，其共同之处在于她们的字里行间都显示出对艺术参与社会的可能性的积极认同和支持。

# 艺术介入乡村

## 80后雕塑家的乡村主义路线图

周彦华

焦兴涛：《葵花朵朵向太阳》，2014
供图：焦兴涛

2008年，华尔街金融危机不仅带来了艺术市场的萧条，同样还预示着艺术创作的转型。中国当代艺术正面临着自85新潮之后的又一次突围。艺术家们不得不重新思考艺术机构的功能，在理性的判断下，找出一条适合自身良性发展的道路。因此，一部分艺术家又一次将目光转移到了20世纪70年代的西方，他们试图通过机构批判的艺术实践，寻找一条远离机构（博物馆语境）和体制（社会语境）的发展道路，重新建构艺术与生活的连续性。这些艺术实践，不仅发生在城市，同样也发生在政治、经济和文化活动相对边缘化的乡村。在近年来的乡村艺术实践中，由一群80后青年艺术家开展的艺术实践——羊磴艺术合作社呈现出独特风貌。这些知识分子通过艺术实践走进中国乡村，进一步探索文化如何介入和重构公共空间。这些艺术实践与艺术市场保持着一定的距离，并回归到艺术本体、文化身份和文化价值的探索，为中国2008年后的当代艺术史书写了绚丽的篇章。

本文以一群80后艺术家的乡村公共艺术实践——羊磴艺术合作社为例，

从重返乡村、制造“关系”、游走边缘和塑造身份四个方面分别来探讨这些青年艺术家为什么选择乡村开展艺术实践，他们怎样通过在乡村公共空间制造“关系”来创造艺术与生活的连续性，这些艺术实践在当代中国语境下呈现什么特点，以及80后艺术群体怎样通过这些艺术实践来塑造个人身份。可以说这四个方面正好构成了80后艺术群体的乡村主义的路线图。

## 重返乡村

在中国，乡村一直以来是众多文化实践的场所。民国时期的晏阳初、梁漱溟就曾经鼓励知识分子投身乡村公共文化建设中。在“文革”时期，知识青年上山下乡传播知识和文化，也可以被视作对乡村的文化建设。在20世纪60年代，这一场上山下乡的运动却引发了西方一连串的政治风波。法国的五月风暴[①]堪称典型。1968年5月的巴黎街头，出现了身着红卫兵服装的法国青年。“毛主义”（Maoism）成了青年人纷纷追逐的前卫主义思潮。当反观这段历史的时候，我们不难发现，今天知识分子将目光重新汇集到乡村，似乎正好体现了他们的历史使命感。

对于艺术家而言，对乡村的关注也绝非偶然，它同样有着深刻的历史连续性。20世纪30年代的左翼美术运动，作为劳动者、苦难者与反抗者的农民形象就出现在艺术创作中。40年代的延安时期，农村的土改斗争和政权建设通常是艺术创作的题材，农民阶级是被描写的主体内容。乡村题材和农民图像成为革命话语的重要组成部分。中华人民共和国成立后，涌现了一大批描绘人民公社、“大跃进”和农业学大寨的画面。农民形象和乡村农业大丰收的图像频频出现在这些艺术创作中。“文革”后，中国社会进入了转型期。与前三个时期强调艺术作为政治宣传工具的艺术创作纲领不同，艺术家们开始反观自身，搜寻记忆中的那份踏实和温情，于是再现质朴、平凡的田园牧歌生活的乡土绘画出现了。艺术家试图通过对乡村景观、农民生活的描绘，来抒发个人的乡土情怀，清洗那场政治浩劫之后留下的心灵伤痕。[②]不可否认，乡村不仅是中国当代艺术的资源库，还是中国当代艺术的试验田。90年代北京郊区的圆明园画家村、东村和宋庄都为艺术家创作提供

---

① 巴黎“五月风暴”，是1968年5月至6月在法国爆发的一场学生罢课、工人罢工的群众运动。

② 中国现代以来关于农村题材的美术创作的阶段，参见李公明的论文《论左翼美术中的农民题材与图像》，《美术观察》，2012年第10期。

了远离城市喧嚣的安静场所。在这个意义上，近年来艺术家对乡土的回归，也许正好是他们历史记忆的返回和延伸。

但这一次的回归并不是简单意义上的将乡土题材重新搬到展厅，而是以一种介入的方式，深入乡村社区，通过一系列公共艺术实践，来探讨艺术如何介入乡村社区，重构乡村生活。这个艺术概念，似乎与90年代美国艺术家苏珊·雷西的“新类型公共艺术”[①]存在着某种形式上的关联，但就内容来看，这些乡村艺术实践却带有明显的中国特色，反映着我国的基本国情。在中国城市化过程中，城乡二元对立现象越发严重，迫使一部分乡村人口向城市迁移。乡村居民在极力成为城市人的过程中，他们社群文化中的乡土性正在被城市文化一点点吞噬，造成了严重的乡土文化危机。清华大学汪晖教授将这种现象概括为“城市精神对乡土精神的文化侵略”。他指出，城市化导致传统的地域性文化无法继续。因此，今天的乡村需要通过依附城市才能保存它的文化。[②]在这种情况下，乡村文化作为中国传统文化的载体之一，在城市化中还能扮演什么角色？中国社会中一直保持的乡村和城市亲缘关系和生活方式的绵延，还能否创造出一种对传统文化的认同感？他呼吁构建区域性的社群主义来批判新城市自由主义的普世价值对文化异质性的侵蚀。这意味着，重申乡土文化的重要性，不是在城乡二元对立的社会背景中保存这种文化的独特性，而是如何以城乡统筹来带动乡村社区的文化自治，从而提高乡村人民的幸福感。在这个背景下，艺术家重返乡村，在乡村进行艺术创作，正好反映了时代的迫切需要。

## 制造“关系”

2011年夏天，一群重庆的雕塑家来到坐落于贵州山区的羊磴小镇，展开了一系列公共艺术实践，他们将这个艺术项目命名为“羊磴艺术合作社”。为了尽力避免艺术实践沦为庸俗社会学意义的文化乡建活动，他们坚持“不是田野采风，不是体验生活，不是文化扶贫，不是公益慈善”的原则，尽可能从艺术本体论的角度，探索艺术介入公共空间的可能性。[③]这个项目强调与当地居民协商，创作公共艺术作

① 苏珊·雷西的“新类型公共艺术”参见其著作*Mapping the Terrian: New Genre Public Art*，Seattle, Wash.: Bay Press, 1995。（中译本为《量绘形貌：新类型公共艺术》，吴玛悧译，台湾远流出版事业股份有限公司，2014年。）

② 参见《汪晖对话贝淡宁：城市何以安顿我们？》，观察者网，http://www.guancha.cn/wang-hui/2013_05_11_143853_4.shtml

③ 这是羊蹬艺术合作社的基本艺术纲领和创作原则。资料来源于笔者对羊蹬艺术合作社组织者、艺术家焦兴涛的专访。

品，同时，警惕以文化扶贫的名义干预当地居民的生活，改变他们的生活环境。从2011年以来，羊磴艺术实践已经经历了四期。

在第一期的实践中，艺术家们与羊磴当地的木匠结对子，创作木工作品。通过合作和协商的方式，艺术家和木工创作出了一系列非实用又非艺术的物品。这是羊磴项目的第一次尝试。它试图通过艺术家与当地手工艺者的合作，搭建一个交流平台，鼓励当地居民参与到这个项目中。如果说第一期的实践还拘泥于雕塑这个艺术创作的媒介，那么在他们下一步的计划中，雕塑的影子似乎在渐渐淡去，取而代之的是强调以人的参与为主体的社会介入性艺术实践（socially engaged art practice）[①]。

第二期的主题是“赶场”。其表现形式是艺术家以社会介入的方式，参与羊蹬镇的集市活动。在集市上，他们出售自己的艺术作品或者观念。他们从反思商品交换的维度，探讨艺术如何介入社会。这一期中，有两件作品值得思考。首先是艺术家杨洪的“卖钱”计划。杨洪分别将1元、5元、20元、50元和100元的人民币装进精美的画框作为艺术作品出售。“把钱当作艺术”，这一举动引起了村民们的好奇。“糟蹋钱”是村民们的第一反应。然而，久而久之，村民们似乎习惯了这种摆摊行为，一部分村民也参与了这个交易活动。杨洪在他的创作中，将货币作为一件艺术品，消解了货币作为商品交换媒介的功能，将它变成了一件寻常的物品来看待。杨洪说：“重点不在于我卖的是什么，而是这个购买过程。”的确，“以钱买钱”，这种直接将货币作为商品的举动，消解了货币作为商品交换媒介的功能，同时又提出了一个全新的命题——当作为艺术价值衡量单位的货币成为艺术品本身，并用于艺术品流通过程中时，艺术的价值又该如何被衡量?

与杨洪作品相呼应的是艺术家张翔的“以物易物”计划。张翔从村落中收集了大量的废品，并对其进行了改造，使其不再具有原本的功能性。村民如果对这些改造后的“废品”有兴趣，可以用自己家中的废品交换。这个交换如同原始社会的以物易物。艺术家通过商品交换的模式，创造了一种非商品交换前提下的人类关系。这是为什么呢？按照马克思主义政治经济学的观点，人与人的关系产生于商品交

---

① 社会介入性艺术实践是公共艺术的一个分支，旨在强调艺术作为一种文化工具对现行社会体制和结构的介入。与其同名的有参与式艺术（participatory art）、合作式艺术（collaborative art）等。关于社会介入性艺术的典型代表就是1982年德国艺术家博伊斯的《7 000棵橡树》（*7,000 Oaks*）。

「卖钱」计划 供图：焦兴涛

换的过程中。然而，张翔作品中所建构的关系却是在非商品交换过程中产生的，它揭示了马克思关于人类关系思考的一个漏洞，那就是，在现实生活中，人类的关系并不完全存在于商品交换中。法国艺术批评家尼古拉斯·伯瑞奥德（Nicolas Bourriaud）在其著作《关系美学》（*Esthetique velationnelle*）中，分析20世纪90年代的新兴艺术形态，从艺术的角度探索了马克思关于人类关系生成的模糊地带。伯瑞奥德认为，人类社会结构中存在的那些无法用商品交换连接的碎片，正好为艺术提供了一块生存地带。他将艺术比喻为一种社会织体。它的功能就是缝合社会结构中断裂的碎片，将人与人的关系，从纯粹的物化世界的连接，变为人性世界的交往。①这一点在"赶场"这个艺术项目中就体现在，它利用了乡村赶场这个商业活动，在非商品交换的模式下，制造人与人的关系，反思艺术在日常生活中的价值问题。

如果说"赶场"这个类型涉及的是艺术家个人以交换为媒介，实现艺术对社会的介入，那么美术馆计划则是以集体的方式参与到村民生活中，通过艺术与日常商业活动的嫁接，填补艺术与生活之间的空隙，同时还引发了对艺术中所产生的民主参与的思考。在第三期和第四期的实践中，艺术家们分别在羊磴镇上建立了"冯豆花美术馆"和"西饼屋美术馆"。这两个美术馆的原型分别是一个豆花饭餐厅和一个蛋糕店。在"冯豆花美术馆"项目中，艺术家发挥了自己惊人的雕塑造型能力。他们

① 尼古拉斯·伯瑞奥德在《关系美学》中，对马克思关于人的生产活动进行了批判性的反思。马克思哲学是关系美学的理论基础之一。参见《关系美学》，黄建宏译，金城出版社，2013年。

在豆花店的木桌上雕刻出与各种日常生活用品等大的雕塑作品，包括香烟、筷子、小碟子和摩托车钥匙等。他们还用仿真着色的方法，为这些雕塑上色。乍一看，这些雕塑与真实物品几乎一模一样。开馆的那天，冯豆花餐厅的食客纷至沓来。他们像平日一样，点一份豆花饭，坐在饭桌旁。当他们准备享受美食的时候，一双筷子挡住了豆花碗，于是他们不假思索地试图将其移开。但是，它怎么也挪不动。原来，这是刻在桌子上的雕塑作品。另一位村民看到桌上有一包“中华烟”，正纳闷是哪位食客落下的，仔细一看，原来是木雕作品。忽然间，豆花餐厅一片哗然，“原来他们的作品就是这些呀”！在“冯豆花美术馆”这个案例中，艺术家通过一种造型上的错觉，将作品与日常生活用品之间的边界悬置起来。而这种边界的悬置并不是由艺术家指明的，而是观众主动发现的。这个发现的过程，就是艺术介入生活的过程，它体现了艺术的民主性。

同样，第四期的“西饼屋美术馆”案例，也体现了这一倾向。艺术家为每一个前来蛋糕店购买蛋糕的村民拍照，并通过Photoshop软件，将村民的形象与西方风景名胜的油画照片合成在一起，最后将这些照片冲洗出来，挂在蛋糕店的墙上。这看上去有点像一个商业促销活动，然而其背后揭示的问题在于，是否可以通过艺术来实现观众的民主参与？而这种民主参与并非游行、集会等形式的政治对抗，而是通过一种愉快的商业行为来实现的。事实上，这两个美术馆项目的理论逻辑建立在对博物馆边界的思考上。它提出的命题则是，当美术馆中的艺术行为被转化为一种商业行为介入社会生活时，这个艺术行为就开始具有了政治功效。正如伯瑞奥德在《关系美学》中所言：“当当代艺术把关系变成一种议题，努力进入关系领域的时候，当代艺术无疑就在开展一项政治性工程。”

在西方艺术史上，这样的例子不计其数。20世纪60年代的奥登伯格（Claes Oldenburg）、80年代的玛莎·罗斯勒（Martha Rosler），以及90年代的泰国艺术家利克里特·提拉瓦尼加（Rirkrit Tiravanija）都曾在博物馆内制造过商业行为。[①]在这些案例中，艺术作品已经不再是可见的物，而是隐藏在商品交换行为背后的人类关系。伯瑞奥德将这些艺术创作收纳进自己的“关系艺术”（Relational

① 这里提到的艺术实践有1960年美国艺术家奥登伯格在纽约贾德森画廊举办的展览“The Street”；美国女性主义艺术家玛莎·罗斯勒在1973年开始的艺术计划“Travelling Garage Sale”，该计划首次展出于加州大学美术馆，之后在纽约的现代艺术博物馆等地都有展出，这个计划在80年代风靡一时，一直延续至今；以及在纽约工作的泰国艺术家利克里特·提拉瓦尼加在纽约现代艺术博物馆现场为观众烹制泰式咖喱的作品“Untitled（Free）”。

冯豆花美术馆开馆现场，2013
供图：焦兴涛

Art）范畴中，它是艺术家针对社会结构中的具体关系提问，体现了如何通过艺术在社会中构建人与人的关系，从而抵制消费社会中人对物的过度依赖。在消费社会中，人与人的关系被极大地物化了。比如，许多人有起床和睡前都会翻阅微信的习惯。我们知道我们翻阅的并不是微信本身，而是由微信朋友圈建构的人际关系。这些关系通过“留言”、“点赞”、“对话”和“朋友圈分享”形成。但所有的关系都必须以手机这个媒介来呈现，以至于我们不得不承认，手机这个物品取代了人与人的面对面交流。也就是说，人与人的关系不是建立在人的交往行为上，而是建立在商品交换上的物化的社会关系。关系艺术则是在批判对物的过度依赖的语境下诞生的。

事实上，羊蹬艺术合作社的理论出发点与关系艺术有诸多相似之处。这些公共艺术实践都有共同特征，它们试图通过艺术作为社会中介，在非商业的前提下，建构一个与当地居民相遇、协商和互动的情境。这些实践在非商品交换的语境下，制造出一种新型的人类关系。它并非马克思理论中关于人类交往的关系，也不强调商品交换在人类交往中的主导作用，相反，它试图通过对人类关系的强调，来消解物化社会中对人的忽视。同时，它也体现了伯瑞奥德关于“艺术在其商品特性与语义价值之外，还体现为一种社会中介”的假设。[②]毫无疑问，在创作方式上，我们可以把羊蹬艺术合作社纳入关系艺术的范畴。然而，对该项目的研究，

② 参见《关系美学》。

如果简单地用理论来套作品这种方式将会丧失掉研究的客观性和准确性。这就需要我们将研究立足于艺术实践的现场，来窥探现场的特殊性对艺术介入社会的影响。为了杜绝这种简单的用理论来套作品的研究方法，我们必须将作品纳入其生长的社会语境中做进一步思考。

## 游走边缘

羊蹬艺术合作社并不选择城市作为自己的艺术实践场所，相反，它选址在一个小型的乡村。这里的居民保持着其独特的地域性和乡土性，家家户户都还保留着挂毛主席像的传统，也保持着当地的民间信仰。这一群80后的艺术家之所以选择乡村作为艺术实践的场所，是因为中国乡村不仅是地缘性的边缘地带，同时也是中国政治、经济和文化活动的边缘地带。选择这样的场所不仅可以透过艺术揭示和反思中国城市化进程中的诸多问题，还可以使艺术更大程度地避开政治红线，确保艺术创作的自由。“如果将中国的社会结构比喻成一个箩筐，那么乡村就是箩筐最上

为期一天的『乡村木工』计划展览，2012
供图：焦兴涛

羊磴街道和郭开红作品『世间三十二行』，2017
供图：焦兴涛

面的边缘地带。”艺术家焦兴涛解释道，“通常一个箩筐的边口与结实的箩筐底部相比，都是松散的，有缝隙的。这就有利于我们将艺术编织进这些缝隙中。”①这样的比喻似乎更能说明中国公共艺术边缘革命的路线，它几乎成了公共艺术的一种中国式解读。②

历史上，中国的政治、经济和文化革命大多从乡村开始。经济学家王宁在其著作《变革中国》中，提出了“边缘革命”这一观点。作为一名经济学家，王宁对中国的经济体制改革有着独到的见解。他认为，中国经济体制改革的先锋并不是那些拥有各种优势地位的国有企业，而是那些落后的、被边缘化的私营企业。正是这些

① 笔者对艺术家焦兴涛做过关于羊磴项目的专访，“编箩筐”的概念是焦兴涛在这次专访中提出的。

② 这里所指的公共艺术，有别于国内所言的以公共空间为创作场所的静态视觉艺术作品。它所指的是社会介入性的、参与性的艺术作品。公共艺术常常与社会介入这一概念有关，旨在说明艺术家介入公共空间的文化实践。在20世纪70年代的西方，机构批判的艺术家们开始探索，如何将自己的作品移出博物馆，从而使其呈现在现实的街道、广场和其他的公共空间中。法国情景主义者提出了“反艺术”的口号，以此来拒绝居依·德波所言的“景观社会”。他们试图通过弥合艺术和生活的界限来消解艺术本身。德国艺术家博伊斯提出了“社会雕塑”概念。通过宣扬“人人都是艺术家”，博伊斯在创作过程中邀请了大量的参与者，并与他们合作。毫无疑问，通过艺术的方式，“社会雕塑”重构了社会结构，成为艺术与政治之间的黏合剂。同样，阿兰·卡普罗的“偶发艺术”在70年代席卷了美国艺术界。这种强调过程性和偶发性的艺术创作方式，为艺术家们提供了重新审视艺术创作过程的可能性。在90年代，公共艺术呈现了全新的面貌。艺术家们不再满足于在某个特定的场所创作艺术作品，而是深入当地的社区，与社区居民合作。这种新趋势被美国艺术家苏珊·雷西称为“新类型公共艺术”。她探索的是城市革新的全新策略，也是将公共空间视为政治和社会效力的全新方法。

羊磴艺人郭开红在重庆LP艺术空间的个展『瞎起长——郭开红雕塑展』上与自己的作品合影，2016 供图：焦兴涛

社会主义经济的边缘力量促进了一系列变革，推动了中国市场经济的发展。[①] 事实上，纵观中国近现代史，“边缘革命”不仅发生在经济领域，还发生在政治和文化领域。同样，在中国当代艺术语境中，“边缘革命”这个词也并不陌生。85新潮中诞生的各种艺术思潮和流派，无不成长于官方意识形态的边缘。将这种视野放大来检视中国公共艺术创作，我们会发现，今天在中国大陆的公共艺术实践，无不诞生于政治和意识形态的边缘地带。这些公共艺术家，总是在不断地寻找公共空间中的空隙，创作公共艺术作品，并试图发挥公共艺术的制度批判和社会批判的功能。而乡村就是众多边缘地带之一。可以说，选择乡村进行公共艺术创作，在中国当代的社会和政治语境中有着独特性，同时也从侧面反映了中国的社会现实。

## 塑造身份

如果仅仅用边缘地带这种地域特点来区别羊蹬艺术合作社和西方公共艺术创作是不够的。羊磴项目的特点还在于它塑造艺术家的主体经验和个人身份。而这种对身份的确认则是建立在当代中国的社会语境中。参与羊磴项目的大部分是80后年轻艺术家，这些年轻人第一次来到羊蹬镇就被它的淳朴和宁静打动。农田的阡陌纵

① [英]罗纳德·哈里·斯科、王宁著，徐尧、李哲民译，《变革中国》，中信出版社，2013年，第70~71页。

横、羊磴河的潺潺水声一次次地激发着这群艺术家涌动的情愫。于是，他们怀着对乡村的温情，融入当地生活，并试图以艺术的方式来思考乡村。他们乡村主义的艺术理想化成一个个艺术实践，碎片式地散落在羊磴的土地上，如同阳光在羊磴的树荫下透射出的斑斓光彩。作为80后的艺术群体，他们的艺术实践带有鲜明的80后特点，那就是去政治化、反宏大叙事、无目的性、不确定性和达达主义的玩笑性。他们将个人的艺术触角深入这个贵州山区的小镇，并试图以艺术乌托邦的名义重构艺术与生活的连续性。

在第四期的艺术实践临近尾声时，艺术家们被偶然的一个场景打动了。由于近年来羊磴河的水位上涨，羊磴镇政府下令，在羊磴河岸修筑水泥堤坝。乍一看，这些白花花的工业化的水泥堤坝与清澈的羊磴河景观格格不入，不免让这群年轻人感到惋惜。更有意思的是，他们发现一位当地居民在这个河坝上晒起了辣椒。一位艺术家抱怨道："像这个样子发展下去，不久之后，这个堤坝一定会变成当地村民的晒坝。"于是艺术家们决定在这个河岸堤坝上进行在地的艺术创作，试图通过艺术的方式为这个"晒坝"带来一点乐趣。艺术家们开始与晒辣椒的那位村民协商，将散乱铺撒在地上的辣椒堆成了一个圆形。这个看似恶作剧的举动，却让那位村民十分高兴。他兴致勃勃地参与其中，与艺术家商讨怎样堆放这些辣椒。这不就是艺术的力量吗？它以一种轻松幽默的方式介入乡村，为村民们枯燥平淡的生活增添乐趣。一位艺术家提议："下一个计划，我们准备在这个堤坝上画上圆形、方形、三角形，或者是鸟儿、鱼等动物图案。以后村民晒各种农作物就可以在这个图形中晒，从远处俯瞰'有木有'（有没有）一种麦田怪圈的'赶脚'（感觉）？"

不同于父辈们的宏大叙事，这群出生于80年代的青年总是关注一些微小细节，并从细节来窥视这个世界，这是一种80后特有的态度。也许我们可以说他们的视角没有历史厚重感，但是这种微观介入的姿态，在当代显得更加真实而接地气。我们似乎可以说"接地气"也许正是羊磴艺术合作社的80后特质。正如艺术家们都一直秉持的态度，那就是："我们在羊磴做好玩的艺术，让村民们开心就是我们的目标。"同样，羊磴项目也在不断塑造着这群艺术家的个人身份。这些涉世未深的艺术家，苦于经济压力，租不起工作室，只好将艺术搬上街头。殊不知，这一决定却成就了这

河岸堤坝上村民与艺术家合作的艺术作品，2014　供图：焦兴涛

个艺术群体的理想。通过艺术实践，这群年轻的艺术家从一群娇生惯养的孩子，成长为颇具社会责任感的青年知识分子。在羊磴艺术合作社的这几期实践项目中，艺术家们还为镇上设计了一些公共设施，比如“羊场小凳”，还比如向当地的中学捐赠了雕塑作品。这些作品如今都成为村民生活的一部分。

## 小结

我们常会认为，艺术介入乡村，就是以艺术的手段改造乡村景观。因此，对于那样的艺术实践，我们总是保持着警惕。因为一不小心就会脱离艺术本体论的轨道，沦为庸俗社会学意义上的文化乡建。那些以乡村为据点的城市文化后殖民行为，带来的不是对乡村的文化生态的保护，而是破坏。在这个意义上，也许正是由于80后群体缺乏社会经验和历史沉淀，以及在社会主体建构中的边缘身份，迫使他们不得不更加关注艺术本体，从艺术自身的角度来介入乡村，与村民展开互动，使羊磴项目展现出独特的艺术价值。然而，这一条80后艺术群体的乡村主义路线图尚未画上句号，后续的工作中还会出现大量可探讨的艺术现象。结果到底怎么样，羊磴艺术合作社还能走多远，我们拭目以待。

# 真实与改变的力量

## 社会参与性艺术创作在台湾

董维琇

艺术不是反映现实的镜子，而是凿做现实的铁锤。

Art is not a mirror to reflect reality, but a hammer to shape it.

——剧作家贝尔托·布莱希特（Bertolt Brecht）

当艺术公民与社会的共生关系更为紧密，且回归对日常生活意义与价值的辩论时，它们才会使文化展现出更丰富及活泼的样态。

——艺术家吴玛悧

### 前言

艺术与社会之间，向来有着密不可分的关系，自有历史以来，艺术家的创作往往反映着社会变迁，而社会文化的脉络与现象，也呈现在艺术家描绘、书写与表现的作品中。有时，艺术作品对观众会产生强烈的召唤与影响的力量，进而在世代的交替之间成为改变的力量。以20世纪80年代末期台湾解严前后的时代氛围为例，随之而来的是艺术不再局限在展演空间里与观众对话，许多艺术家的作品走入街坊、公共空间、在地的社区（群）与日常生活的现场，寻求与公众面对面；从公众的角度出发，表达在地文化意识，记录个人与社会文化、土地、环境互动的故事，或是为那些被迫害者发声，诉求社会正义，这些社会参与性艺术自下而上地创造出属于公众的集体记忆与文化。本文将探讨社会参与性艺术在台湾的发展，以及这些艺术带来的回应、冲击与启发。

### 不只是"文以载道"：社会参与性艺术的冲击

自20世纪90年代以来，艺术的社会转向及其所塑造的社群之公共空间，成为艺术家创作的材料及学者所研究论述的领域，也改变了创作者与观赏者的关系。当艺术不再只关注材质的创作并开始寻求与公众直接面对面，

过去为空军眷村所在地的台南水交社，在眷村部分拆除与迁移之后，目前为水交社工艺聚落　摄影：董维琇

不再透过美术馆展览的模式与观众对话，带来了更多创作的可能性。时至今日，社会参与性艺术已成为国际艺术场域里最热门的议题之一。

然而，艺术里的政治与社会诉求显然并非20世纪90年代所独有，60年代德国艺术家博伊斯（Joseph Beuys）提出的社会雕塑（Social Sculpture）的概念就挑战了雕塑的传统定义，首次揭示了艺术家可以透过其思想与行动重新塑造社会。他的社会雕塑观念认为艺术具有影响社会秩序与提升人类生活的潜能，启发了60年代以来许多不同世代的艺术家。博伊斯社会雕塑理念的价值体现在：他努力去挑战西方传统的艺术观念以及过去被普遍认同的艺术家角色扮演的社会意义，强调艺术家与社会的互动。整体而言，包括绘画、雕塑、各种媒材的创作、表演以及对公众的演说等都是在强调艺术家对社会的影响且希冀能带来新的认知。

延续这种强调艺术与公众及社会互动的理念，1995年，美国艺术家苏珊・雷西提出了“新类型公共艺术”，开启了艺术专业者的更多想象。其他与此相关的专有名词自20世纪90年代以来不断被提出并被讨论，包括对话性艺术（dialogical art）、关系美学（relational aesthetics）、艺术介入（artistic intervention）、公民艺术（civic art）、社群艺术（community art；community-based art practice）、社

台南水交社工艺聚落之艺术家工作室。摄影：董维琇

会参与性艺术（socially engaged art）、潮间带艺术（littoral art）等。

前述的这一连串与社会参与性艺术相关的概念形成了一个超越了传统美术馆的白色方块（white cube）里的视野，更加关注的是对艺术创造过程的探讨，当下的议题、情境与公众性成为新的媒介，围绕其中的是许多关于创作与论述之间的微妙对应，包括艺术的介入如何反映社群生活、带来个人与社群的改变，如何挑战时代下的政治与特定社会文化议题，民主化的历程与艺术之间的对话，多元的观众合作与参与，艺术家的角色扮演与责任等问题，同时也带来了在这样的思考脉络下艺术的策展、评论及创作之间的关系的探讨。这个超越了传统美术馆的白色方块里的视野不仅具有场所的流动性，也开放了艺术的疆界，在素材与观念上将过去被视为非艺术的领域也涵纳进来，扩大了艺术创作实践所触及的范畴。台湾在这个社会参与性艺术的潮流中，当然也未曾缺席。台湾艺术家自20世纪80年代以来开始从事艺术的社会实践，1987年前后，也就是解除戒严之后，许多艺术家开始寻求与公众直接面对面，试图跨出美术馆展演空间，把地方的真实性与草根文化作为创作的取向，在文化认同上试着反映更多元化的意识形态。这是艺术家与公众直接接触的开始。策展人郑慧华也在《艺术与社会——当代艺术家专文与访谈》一书中指出，从戒严、解严到后解严，在台湾的艺术发展脉络中，许多不同专长领域的艺术家，共同对政治、社会和现实进行思考、反叛与批判。

## 迎向真实与改变的力量

任教于香港的中国内地学者暨艺术家郑波近年来研究并出版了许多社会参与性艺术在中国发展的相关论述。他观察到在所有华语社会中，台湾的社会参与性艺术最活跃，也因为一些历史发展的驱动力而充满能量：由于台湾在20世纪80年代经历了几近彻底的民主改革，而在90年代当公民参与的理念萌芽时，政府的政策回应了公民社会的需求，例如社区总体营造与社区文化发展的因应措施，艺术家得以在政府的支持下进入不同的社区（群）创作作品；同时，因为台湾在经济上越来越走向后工业社会，社会大众也就越来越关注那些在地、有形的日常生活议题。郑波同时对2014—2015年由吴玛悧策展，梁美萍、张晴文协同策展，在台湾及香港两地举办的"与社会交往的艺术：香港台湾交流展"提出探讨，认为这个展览的意义不仅呈现出社会性创作在台港两地的蓬勃景象，更足以让人感受到社会性创作这个领域近年来所爆发出的巨大能量，通过展览及论坛提出更深层次的问题，引发更多区域性的对话、思考与实验。笔者认为，以台湾为立足点来看，艺术回归到真实生活与社会议题的反思无疑是90年代以来的一个重要趋势，而在亚洲区域间的对话、联结与相互间的影响也未曾停滞。

近年来的重要展览也一再反刍艺术与社会参与及实践之间的关系。2015年，在台湾拥有广大读者并颇具影响力、1975年创刊的《艺术家》杂志在高雄市立美术馆举办了见证《艺术家》创办40周年特展"与时代共舞——《艺术家》40年×台湾当代美术"。基于对于台湾当代艺术与社会文化环境变迁的观察，将展览从1975年到2015年的时间轴线每十年为一个主题，依序为"1975—1984年——乡土美术运动的浪头""1985—1994年——解严前后的骚动与狂热""1995—2004年——数位·新时代""2005—2014年——跨领域、零设限"；特别是最后一个主题展的子题中指出：有一个正在持续发展且值得关注的艺术创作形态特别强调社会性的参与及实践，这一形态在近年逐渐展现出强大且深刻的社群力量，作为一种以对话性、沟通协调、合作参与的艺术创作模式，试图带来改变的力量，甚至促使政府政策的调整与改革。以下就几个面向来分析台湾近年来社会参与式艺术的发展趋势。

## 艺术介入社群

查考当代艺术积极地介入社会的意涵，艺术史学者廖新田认为，这可以包括即兴的邂逅、环境场所关系的改写或非善意的挑衅。关于艺术介入的认知与定义，在台湾也是众说纷纭。吴玛悧与陈泓易皆认为："介入"一词有些霸权的意味，显得强势，语意中隐含救赎之企图而无形中变成一种暴力象征。廖新田认为"介入"显示异质的交流，并保留双方互动下可能的结果，是一种对人类社会的态度、主张与战斗策略，也是一种扰动，是对单一立场的超越与批判，"介入"作为一场有意义的行动，凸显知识分子重视以针砭的方式参与社会、改革社会。然而，吴玛悧认为不论是"介入""参与""进入""投入"都难以转译"socially engaged art"，不足以呈现这种艺术的多样性，因此提出"与社会交往的艺术"的展览概念，强调艺术与社会通过相遇、交往的过程可以碰撞出多种可能，这也是艺术与社会关系联结的各种软性或硬性的情状：有批判性的；有的以游戏实验来对话；有的是跨界合作的方式，提出创新社会的想象；有的意在艺术的延伸思考；有的意在社会实践。

在台湾，艺术家介入、参与到社群生活的思维虽然在80年代后期开始萌芽，但首次引起各领域较多的讨论，可说是从90年代后期艺术村与艺术家进驻计划的发展开始。2006年，台湾的"文建会"颁布实行"公共空间艺术再造补助计划"，将其纳入文化政策中，引起社会的关注，其中也涵藏了对艺术活动活化老旧的闲置空间并为世代交替之际的萧条社区注入活力的期待。2008年，这个计划被改为"艺术介入公共空间补助计划"，促进艺术家与社区合作，以艺术为平台，共同与社区居民进行社区空间的改造与提升。然而，90年代后期以来，在各个地区性艺术村与艺术家进驻计划的发展过程中，艺术家如何进入社群的问题不时引起争议，使得一些艺术家觉悟到，以获取创作工作室及以赞助为目的的艺术村与艺术家进驻计划，事实上有很大的局限性，亦非其创作的本质。当艺术家的创作在接触社群或特定地区，试图挑战社会参与性艺术实践的观念时，他们逐渐体认到，唯有当艺术家与社群的关系互为主体时，才能加深二者的关系，让艺术的感染力进入日常生活的街道。在此过程中，普罗大众自觉或不自觉地成为艺术家作品的一部分，甚至一起加入艺术家的行列，带来改变的力量。

艺术的介入在那些敏感的地区以及制定有争议的政策时能够成为一种挑战、提问与省思问题的方式。因此，台湾艺术家如何通过艺术来参与这些充满争议的社会文化议题与特定地方社群日常生活的脉络？艺术介入社群的形式不论是以新类型公共艺术、社群艺术、艺术家进驻计划、环境艺术还是社会参与性的艺术创作来进行，往往带来了社群（区）在地形象的再生与赋权，以及社区意识的认同感，也就是从在地群众内部唤起合作、联结与公民参与的集体力量，而这些成果也通常不是政府通过政策规定所能达到的。这些艺术介入社群的计划对特定社群而言，往往不局限在提升对于自然环境有所关注的觉知，也包括对生态、人文景观、集体记忆与认同、社会文化议题的关怀。这样的艺术实践凝聚了地方意识，也具体带来改变的冲击力量，因为社群意识的唤回，也对在地社区带来永续发展的力量。由艺术家、建筑师、在地社区民众与非艺术专业者合作参与的艺术介入计划，对于晚近资本主义与全球化带来的负面影响不仅是一种对抗，对于社区民众与外来者也同样传达了特殊的社群价值，引导人们去省思人与人、人与在地生活及人与环境的关系。

## 从在地历史与文化的省思到集体的自我认同

如同当代艺术理论学者福斯特（Hall Foster）所说的“作为民族志研究者的艺术家”，许多当代艺术家以一种近乎民族志研究的方式与艺术机构、策展人或其他艺术家合作，进到某些地区与社群，进行特定场域作品的创作，去重新挖掘那些被遗忘的历史或在社会中受到压抑、不被重视的弱势群体的心声，次文化对主流文化与价值的颠覆；就像民族志学者一样去采集资料、重组拼贴、诠释符号、研究文化等，这似乎也成为当代艺术家早已惯常的活动，而艺术家带来创作变革的场域，也是社会变迁的场域。艺术家不仅是如1934年德国哲学家本雅明（Walter Benjamin）所提出的“作为生产者的作者”，也是带来改革的工作者，而且更进一步的，如同民族志研究者般，成为“意识形态的支持保护者”。这些发展与潮流在欧美国家始于70年代，例如前面提到的艺术家雷西所重新定义的新类型公共艺术即是以社会参与为本质。很多时候，这些艺术家虽然只是在某一段时间进入某一社区，但是他们也会尝试田野调查、在地文化故事与物件的采集，让他们的作品能够与在地的历史记忆、文化与居民的日常生活产生更实际的联结。

就艺术的社会实践在台湾的发展历程来看，龚卓军在《当代艺术，民族志者羡妒及其危险》一文中也提出对“当代艺术的民族志转向”的看法，以此来分析台湾当代艺术论述方式的多样化。他指出：

人类学本身具有公认的跨学科领域特质，对语言、图像、音乐、仪式、身体、性别、政治、历史、宗教、思想均有得以介入的通道，而这种跨域特质又是当代艺术与评论追求的基本价值……就台湾现实处境中的民族、亚洲与全球化处境而言，民族志方法切合了当下世界快速的流动性与对话状态，最起码可以用方法学上的隐喻或寓言，以缔造某种跨越民族、国界、陌异者历史经验藩篱的后设叙事。

关于艺术家的创作的人类学与民族志取向，近年来像是姚瑞中与“LSD失落社会档案室”合作的“海市蜃楼”蚊子馆全台踏查计划，将那些因政府的不当政策所产生的在台湾各地闲置的公共设施，以影像和文字民族志的方式加以呈现、出版，形成社会与政治效应；以及吴玛悧的“嘉义北回归线环境艺术行动”与竹围工作室“树梅坑溪环境艺术行动”所涉及的田野调查暨展览计划，唤起对在地环境议题的关注及行动；而纪录片、摄影（如侯淑姿的“望向彼方——亚洲新娘之歌”，探讨中国台湾东南亚外籍配偶的认同与困境）、录像艺术相关的例子更是不胜枚举。在创作兼书写方面，高俊宏的创作《废墟影像晶体计划》与2015 年出版的《诸众：东亚艺术占领行动》皆有不同程度的涉入。这些作品有一些是对特定地区或人群的持续观察与介入，过程中邀请在地社群的参与，一起进行在地历史与文化的调查与省思，也能够唤起参与社群集体自我认同的觉悟。

关于社群或地区的自我认同的觉悟，策展人陈泓易在总结“嘉义北回归线环境艺术行动”的策展经验里道出自己的观察：“对于一个劳动人口流失、资源流失、

姚瑞中与LSD的『海市蜃楼：台湾闲置公共设施踏查计划』以大规模档案陈列方式展出。图为2015亚洲双年展展出一景 供图：姚瑞中

社区价值向下沉沦的边缘化社区而言，社区不再成为其努力的目标，只有重新拾回居民对自己的自信心才有酝酿活化的可能。”如何让艺术成为活化的动能，让社区居民看见社区的价值，就显得异常重要，而过程也是不容易的。在艺术家进入一个特定的地区与社群时，与在地居民的互动与角色定位是特殊而值得探讨的。艺术家最开始是将艺术作为文化的诠释者，而当在地居民也参与到创作中时，艺术家的身份转化为启发当地居民的对话者、教育者，这个犹如艺术教育的过程，也使在地居民开始意识到自己也可以用艺术创作者的身份，去书写及表达对自己社群的文化及环境的看法。

## 转机或危机？文化创意产业的结合

在艺术介入社群作为社会参与性实践的过程中，许多文化创意产业的结合与开发成为另一种趋势，它在近年来成为不同属性社群的兴趣，不管是主动性地寻求艺术带来产业创意与价值的提升，还是由艺术家寻求进入社群生活，自然而然去关心与当地文化相关的产业，并融入其创作中，艺术作为一种社会实践并带来文化创意产业，普遍受到认同，这也是目前在台湾以艺术介入社群的活动中所关心的面向之一。

然而，一味将艺术产业化、商业化却忽略艺术文化的深耕可能带来的危机却是需要省思的。一方面，如果艺术与观众的沟通被商业世界的利益据为己有，大量的生产与复制只会扼杀艺术的想象与创意；另一方面，许多原本破落的地区，若因为艺术的“活化”而带来复苏，随之而来的是政府资金或开发商的快速重建，驱赶了原本在地的艺术家社群与居民，进而导致的士绅化现象，以及缺乏社群治理与对话的过程，并不能保存与培养在地文化。这是目前艺术的社会实践与文化创意产业相结合所面临的问题与困境。

这样的现象，以台湾为例，目前全台湾有许多2000年以来开始由闲置空间或具有历史意义的空间所改造的各种艺文空间与文化园区，例如台北华山1914文化创意产业园区、松山文创园区、花莲松园别馆、高雄驳二艺术特区，以及各类艺术村、艺术聚落、创意丛集，例如台北国际艺术村、宝藏岩艺术村，台南的蓝晒图文创园区、水交社工艺聚落等，皆不同程度

已改建为展演空间的花莲松园别馆 摄影：董维琇

地与文化创意产业相结合。这种闲置或历史空间的文创化，可能产生一些隐忧，高俊宏认为：

以往台湾的闲置历史空间，今日大多转向品味化的士绅美学空间，被纳入"公民美学"狭隘的"文化理容"逻辑里。公民美学所主张的美适性（amenity）并非不好，就像我们会为了保持秩序而整理房间一样。但是由上而下的"清洁式美学"总是具有争议。文创导向的政治化、产值化，使美学成为私有化最佳的工具。

例如，台北的剥皮寮或宝藏岩等历史空间经过改造后，从历史建筑、老兵眷村变为中产阶所喜爱的"文化遗产"到最后所有空间通通变成艺术村、博物馆或文创基地等消费场所的模式。原本修建、保存历史建筑物的立意良好，但是，在台湾，有计划性地将废墟修好了，马上拱手转让给以营利为核心价值的厂商，改成与建筑物历史关联性非常脆弱的咖啡厅、纪念品店，这样的例子也屡见不鲜。有鉴于此，艺术的社会实践若是走向与文创产业结合的途径，有些地方早已为艺文界人士所诟病，只有产业的考量，但失去了文化的深度与灵魂，是否最后能够保有艺术的自主性而不致过于

右 高雄驳二艺术特区货柜艺术节现场 摄影：董维琇

左 台南蓝晒图文创园区 摄影：董维琇

导向商业取向，是目前正在进行的计划所不容忽视的。

## 从空间转向以人为主体的考量

吕佩怡在其研究计划《转向“艺术/社会”：社会参与艺术实践研究》中分析台湾在社会参与艺术的两个基础概念为“社区/社群”与“公共/公众”，这个概念出现于80年代末，也就是1987年解严以后，然而实践于90年代，并于2000年之后结合、深化、转向。笔者观察90年代以来中国台湾及海外的许多艺术家涉及公共空间与社会参与的创作，不管是透过社群艺术、各种传统与新类型公共艺术还是艺术进驻计划的形式，若只是将着眼点置于空间、硬件的介入，其过程与结果很难与公众产生共鸣，更遑论有永续性的可能，若是无法清楚“谁”才是空间中的主体，也难免产生争议。以1998—1999年在鹿港举办的“历史之心”装置艺术展为例，其目的原本是针对政府计划拆除历史建筑物日茂行所引起的抢救古迹的议论，而欲求更广泛地唤起居民对于古迹建筑的认同感，但由于艺术家触犯以民间信仰为中心的在地社群的禁忌，有部分参与者的创作暗指宗教的敛财行为，以挑衅居民的态度出现，造成艺术家、策展人方面与当地居民之间的对峙，曾引起轩然大波，论战的主题变成了艺术或公众何者为主体。“历史之心”策展人之一的黄海鸣其后也对此提出省思：

这个展览让我见识到了群众的力量，因此要挑动潜伏社会力量的时候，应该非常小心。改变社会需要逐渐引发当地成员的参与，以及从内部来改变。没有大量内部的参与是不可能成功的。

此冲突事件对艺术界的冲击很大，2000年之后在台湾不论是公共艺术还是特定场域艺术，都开始调整方向，从艺术介入“空间”转往重视“人”（居民/观众/大众），公共性、民众参与成为必要条件与重要的支持力量。综观90年代以来西方艺术思潮里新类型公共艺术、社会参与性艺术或是协作艺术等诉求社会实践的理念，皆是以人与人、人与文化、人与环境等的互动、关系的缔结与对话为前提考量，并且奠基在既有的公共/公众的基础之上，也因此为社群的民众或是具有自主性的公众成为参与主体提供了更深入的参考依据。

## 结语：扩大的艺术实践——从观看到行动参与

我欲证明，唯有靠艺术才能创造未来。此时我当然已将艺术的观念扩大，我谈的是关乎创造力与自决权，亦即在每个人的心中，自己做决定的可能性。

——博伊斯

从美感教育的角度来看，通过社会参与性艺术所带来的各种活动，美感经验真实地融入观众的日常生活情境里，除了各种艺术形式的欣赏，观众还通过与艺术家的互动参与艺术家的创作过程。艺术对社群的介入，将持续展现其创造与串联的能量。与艺术家面对面接触、合作参与创作，带来对自我生命省思、社会与政治议题的批判、集体的认同、对身处环境的想象及艺术的认知与感动，对许多人而言可能是一生当中弥足珍贵的经验。从“文化公民权”的认知学习到“公民美学” 的孕育、公民艺术行动的参与实践，凡此种种，或许很难立竿见影，所需要的是持续将美感经验与对美与社群的关怀带入民众的日常生活、社区与环境中，面对未来的世代，社会参与性艺术将扮演相当重要的角色。艺术活动不应只是在音乐厅、美术馆、戏剧院等场所被狭隘地欣赏。艺术其实就在我们的日常生活当中，当艺术活动与艺术家更自由解放时，我们可以对自我的文化与形象更了解，通过艺术来表达与反省自我，让每一个活动参与者自己就成为艺术的一部分，毕竟人与具有创意的活动才是解决问题以及文化艺术生产的主体。

在台湾，社会参与性艺术关心的不是一种与观众互动的表面形式，而是将艺术带入日常生活，走入地方与社会，如同博伊斯所言，这是一个扩大的艺术界域，在不断与社群对话、交往、合作的过程中，特别是面对当前的全球化、城市化发展下的环境议题以及不同的区域发展，得以看见生活与环境中更加真实的面相——包括那些隐而未现的危机。当艺术家摸索着如何开拓艺术作为人与人、人与地方、人与环境、人与社会国家之间某种媒介的沟通能力，也赋予个体与社群以一种崭新的能动性，以富有想象力的方式撼动社会议题，或是将历史与文化转化为可感知的对象，促成学习沟通与价值的重新建构，有助于可见与不可见的新公众空间的创造，这是艺术带给我们这个时代新的、富有潜力的文化动力。

# 卷五　品书

地球。我们的庇护所。庇护所。书评

梁井宇

# 地球，我们的庇护所

## 庇护所，书评

梁井宇

《庇护所》

书名原文：Shelter

作者：[美] 劳埃德·卡恩（Lloyd Kahn）

译者：梁井宇

出版社：清华大学出版社

出版日期：2012年3月

美国宇航局的一颗名为ATS-3的卫星于1967年11月10日拍摄了人类历史上第一张完整的彩色地球照片。随后，这张照片成为一位叫斯图尔特·布兰德的青年创立的系列出版物《全球概览》（*Whole Earth Catalog*）的首期封面（1968年秋季刊）。在2003年的一次回顾访谈时，他提到这张著名的地球照片时说："它让人感觉地球像一个岛屿，周围是不可生存的空间，那么美，一点蓝色、白色、绿色、棕色的图案，就像被了无生气的黑色真空环绕着的宝石。"

这份刊物虽然只连续出版了4年（1968—1972），但对美国甚至世界范围产生的影响一直延续至今。在首期文章中，布兰德写道："当新左派试图唤醒草根政治力量时，《全球概览》拒绝政治，主张用工具与技能直接给草根阶级赋能。"《全球概览》著名的口号就是"掌握工具"。在这本杂志的号召下，一位退伍美国空军报纸编辑劳埃德·卡

右 《庇护所》原版封面

左 《全球概览》1968年秋季刊副标题：access to tools（获取工具）

恩（Lloyd Kahn）加入了《全球概览》团队，负责“庇护所及土地使用”栏目编辑。除了思想和刊物内容上的合作，卡恩和布兰德还确立了一种超大尺寸（11×14英寸，约28×36厘米）的书籍和排版风格：新式活泼的标题字体，打字机风格的正文，颗粒感强烈的照片，加上边缘手写的标注。这成为《全球概览》及1973年卡恩独立出版的《庇护所》的共同标识。这种排版方式被证明非常适合图文并茂地解释相关内容，从房屋结构到花园种植、从帐篷使用到木匠技艺、从电子音乐合成器到刚刚诞生的个人计算机等，文字和图片多数由各行各业的专家撰写和拍摄，行文风格与朋友通信聊天类似，并附有详细物件的评测、推荐理由和获取渠道。

《全球概览》和《庇护所》共同之处远不止在版式上，它们的出版刚好赶上了美国社会和文化的巨变。反主流文化，DIY（do-it-yourself）的风潮正呼之欲出，布兰德及卡恩的系列书籍再次点燃了发源于20世纪20年代的“回到土地”

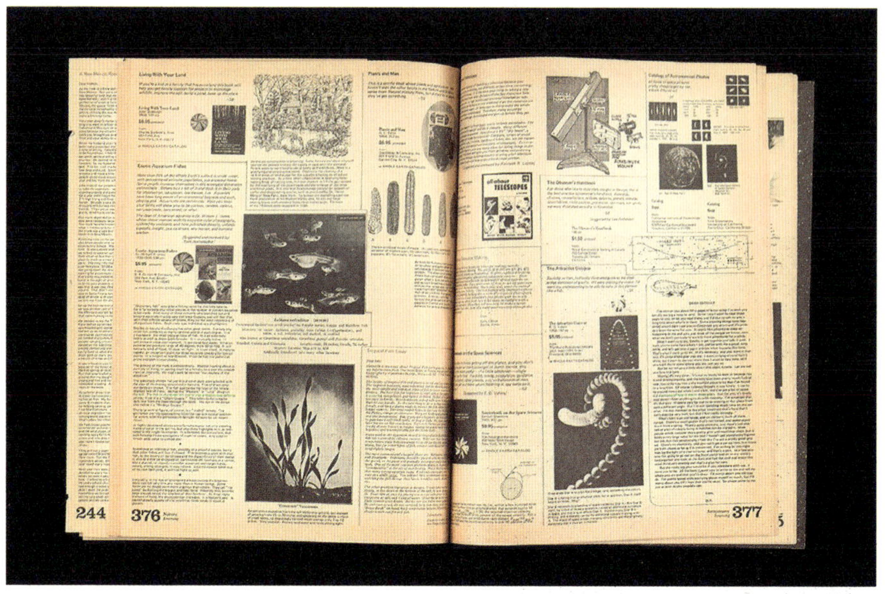

《全球概览》内页

运动（Back-To-The-Land movement）。不同于早期试图寻找资本主义和社会主义之外的“第三条道路”，20世纪六七十年代的“回到土地”运动，不仅是到乡村去建立自给自足的简单生活，而是对猖獗的消费主义、环境污染的自觉反抗，同时还因为二战带来的巨大灾难“逼迫全世界面对科学和工业的黑暗面，强烈呼唤属于人性尺度的生活”①；自70年代起，大量年轻人搬到美国各地的野外建立公社生活，自己动手开垦土地，建造房屋。短短几年，该运动迅速传遍全美，并扩大到加拿大和澳大利亚。卡恩也亲身参与到这些公社当中，尝试自建房屋。在越战和美苏核对抗威胁的阴云下，公社里的嬉皮士们在民谣与诗歌之外，谈论的议题天马行空：采用当地材料、废弃物建造房屋，育儿技巧，有机蔬菜花园，禅修与宇宙世界观，手工艺，能源危机与环境污染，亚洲的农耕传统，中国的人民公社和共产主义等。这些短暂却多姿多彩的乌托邦公社不仅留下了他们的长发、不洗澡、致幻药物、性解放等负面印象，同时也诞生了影响人类生存的崭新理念——可持续性。这些嬉皮士毫不意外地成为倡导绿色建筑、生态与环境保护运动的先驱。

① 引自菲尔·柯西诺的纪录片《生态设计：创造未来》。

右　最后一期《全球概览》封底　题字：Stay hungry, Stay foolish（保持饥渴　承认无知）

左　最后一期《全球概览》封面

1972年，《全球概览》停刊，它的告别词“保持饥渴，承认无知”（Stay Hungry， Stay Foolish）成为包括苹果公司创始人史蒂夫·乔布斯在内的那个时代许多年轻人的座右铭。这期间全美嬉皮士聚集的几个大型公社因为各种矛盾已经分崩离析，但公社生活的经历与自然建造的理念被卡恩记录下来。一年后，卡恩的《庇护所》出版，他在前言中写道：

起初，人们自己动手盖房子、种庄稼和做衣服。这些每天生活中不可缺少的技术，都是在父与子，母与女，还有师傅和徒弟之间代代相传的。

后来，随着工业革命和人口从农村转向城市，这些知识因被弃置而大量失传。我们看到美国今天空前的繁荣其实是在占有大量的国内外资源的基础上，消耗大量有限能源的基础上建立起来的。

近些年来，我们才开始认识到资源是有限的。材料稀缺，燃料供不应求，价格不断升高。为了生存，人们必须要么富有、要么拥有资源本身，要么更加依赖、要么远离那些集中化的生产和控制，总之一定要脱离那个系统。因为情况复杂，这些选择并非清晰明了，但是显而易见的是，如果我们能够更多地依靠自己，我们就可以获得更多的个人自由，没必要去依赖权力。

这本书保持了《全球概览》一贯的风格，既是“庇护所与土地使用”栏目的延续，又是对嬉皮士乌托邦公社的反省与总结。卡恩相信，掌握手工建造房屋的技能不仅仅是体验手工乐趣，更是获得个人独立与自由的路径。《庇护所》没有从正统的建筑史入手，也不涉及反映人类“伟大”成就的巨型建筑，它从原始人在非洲地区的建造开始一直到人类文明在其他地区的演变发展，介绍了欧洲、中东、亚洲、美洲地区的早期建造活动中不同气候条件、就地取材的自然建造经验。让我特别有兴趣的是故事中不时插入的读者来信、照片以及其他研究文献，不少出自深入原始村落的西方建筑系的学生、人类学教授或是义工的切身感受，其中一位写道：

说到门和窗，人们经常批评非洲本地的房屋因为门窗的开洞太小而通风不好……他们忽略了大多数非洲人住在他们的屋外。中午太阳照射下温度升高，待在芒果树下的阴影里要比待在房屋内更受欢迎……

拉索地区的这种圆形平面有着圆锥顶的房屋，概括来说就是简单，节省而舒适，容易适合各种地形的结构。

我住过的第一栋房屋是欧洲式样的……它是长方形平面，前面有一个宽阔的游廊和波纹金属板制成的四坡屋顶。基础和墙是由石块和砂浆建造。墙体表面和基础的外侧是用水泥砂浆抹灰而成……地面是在压实的土上浇筑的一层薄薄的水泥砂浆。

可生活在里面究竟是怎么样的呢？糟透了！……在旱季气温直逼115华氏度高温时，锡板屋顶的房间里就像烤炉一样，毫无例外。即使增加了一层4英尺×8英尺的纤维板吊顶也无济于事。到了雨季，雨水敲击锡板像发出有如万马奔腾的蹄声，让人无法交谈或是听清哪怕是开到最大声音的收音机。有没有漏雨？我还没有说哪个锡板屋顶不漏的！还有，锡板顶经常会在每年四五月份雨季来时的大风天气里被掀起吹跑。而附近的稻草屋顶房屋却总能躲过同样的灾难。

这些正统建筑教育中无法涉及的细节让建筑师着迷。当年这本书是美国及世界各大建筑院校学生几乎人手一本的读物，累计销量超过25万册，有多种语言的翻译版本先后问世。但是卡恩编写这本书更多是为了普通人。在他看来，盖房子和烹饪、种菜或做衣物一样，是每个人都可以学会的生存技能。在这部40万字、上千张图片组成的“大书”中，他介绍了适合个人建造的建筑材料、结构形式、工具、木工、泥工、油漆工、管道工等的一般原理和技能。和《全球概览》类似，卡恩还编录了许多自建房屋“过来人”的经验分享，他们不仅述说经验、成功与错误，更分享了建造的价值观和他们快乐的生活方式。比如讨论在没有技能、资金的情况下如何开始自建房屋的梦想：

如果你想成为一名建造房屋的人士，但却没有技术，一个好的切入点是先去弄辆小吨位运货卡车。从托运、清理车库花园这些零碎工作开始。如果你干得活儿好而且要的价钱又不高，你就会得到引荐。随着你慢慢地成长，你就学会了技能。雇佣你清理阁楼的女士也许正好需要在她的烟囱搭一圈防雨板，或者是安装一个新的电源插座。尽你力量从书里学习。同时在有条件的情况下向有经验的师傅学习，可以用低的工资来交换获得训练机会。随着时间过去，你将学会木匠、管道工、布线、油漆。每一项工作都不同。得到的越多，你就会拥有更多的自由。

对于需要什么样的房子，“过来人”提供的是作为使用者，而不是建筑师高高在上的建议：

当我被一个抽象的概念一次次带入漫长而不切实际的项目里时，总会发现一个鸡

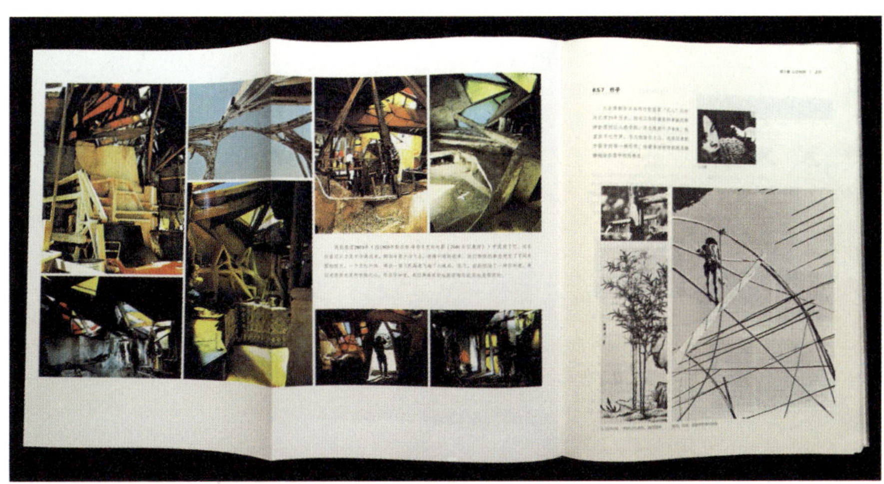

舍或小仓房的设计会更好。

所以现在当人们咨询我建议的时候，我总是告诉他们去学习他们家附近的农舍。稍加改动它们可以作为住房的典范。一层楼用2×4平方米的木料组成的框架，竖墙，轻型的重量，卷材的屋面。拥有良好的保温，冬天的夜晚可以坐在壁炉旁边。采用木头的门和窗。厨房可以向花园敞开。建造它所需的时间很短，这样你还能有足够的时间享受你的生活。

谈到基地，一个拥有丰富经验的建造者这么告诉希望自己盖房的初学者：

如果你打算建造一所房屋，在你决定设计或选取材料之前，你首先应该考虑的是基地：它会怎样被太阳、风、雨、冬夏的气候、道路、周围环境、树木、邻居、汽车、鸟等影响，而建造的想法会在你考虑这些事情的过程中产生出来。最理想的事就是你在你的基地上搭上一年的帐篷，在你建造任何东西之前观察变化。

另一个替代的办法是在你决定下一步做什么之前，在你的基地一边建个小房子先住上一年。你可以观察太阳的角度在一年里的变化，了解冬天的暴风雪是从哪个方向过来的，搞清楚怎样让早上的太阳照到你的早餐桌子上。你可以发现怎样在夏季抓住凉爽的风，在晚上能看到星星。而且，你还会有时间遇到邻居，研究他们的房子，和当地的老人交谈，了解当地的一些特别情况：如特殊的风，还有排水问题以及哪里能买到便宜材料这些解决本地问题的本地智慧。

《庇护所》特别推崇来自世界各地的自然建造材料。从木材、生土、夯土砖、石、自然纤维、草、布、竹子到再生品，甚至芦苇或废弃的旧物的使用，它都有独到的建议：

在你的木材堆里找出最好的木材，把它们用在你会欣赏到的房子部位，比如门、环绕的窗、一面特别的墙。

现代化的人工材料，比如水泥、钢材虽然也有不少介绍，但并非必不可少的主材。关于为何偏好自然材料，书中的解释是：

采用当地自然材料和手工劳动力的成果就是房屋与环境的和谐统一。这些经较少步骤加工的材料所具有的特性和温和品质，使得它们适宜居住很长的时间……一个建筑是我们肌肤向自然的延伸。利用当地可取材料的自然建造，可以供我们研究但却不能被复制。像鹦鹉螺分泌它的外壳，燕子用泥巴、稻草、马鬃和羽毛来织巢一样。

而说到工艺，短短几句话就包含了对材料特征、地方习俗、审美等多重因素的解读：

墙壁，抹灰还是不抹灰？比如每次我们建成一所压制砖的学校，我们就会迫于当地人的意见而做一些我们不愿意做的事——将墙壁内外用灰泥抹平。对当地人民而言，学校是一种身份的象征，代表着“现代化”的进程，他们所见过的所有“现代”建筑都是抹灰墙，所以他们自己的建筑也必须如此。这样做非常可惜，因为制作恰当的压制砖硬如磐石，拥有非常坚固的拐角和有吸引力的颜色。根据当地的气候，合理的屋顶悬挑会保护墙壁的上部，根本不需要抹灰。

设计，作为建造环节的灵魂，在整本书中并没有成为单独的篇章，而是贯穿在所有章节。这是因为设计的抉择和智慧是体现在基地、材料、工艺和生活方式当中的。对于一个爱动手，打算自己建设小屋的人，这本书是最好的设计原理教材。对不擅长动手的建筑师，则是回到设计本源的必读课本。对于那些因为条件所限，无法自己盖房子，或者也不会给别人设计房屋的普通读者，这本书有什么意义呢？

从编者的意图及大部分文章作者的态度来看，《庇护所》是一部号召被都市化的严重问题迫害的人们回归乡村生活的倡议与指南。受到早期大萧条时代及梭罗等作家的著作，以及50年代搬到佛蒙特州郊外尝试自给自足生活的尼尔林夫妇（Helen and Scott Nearing）出版的书籍《和谐生活》（*Living the Good Life*）的影响，如前文所述，“回到土地”运动再次风起云涌，在六七十年代的北美，回到土地的人口数量已经庞大到足以体现在全美的人口分布数据中。在这股风潮下，本书的出现又恰逢1973年美国遭遇的第一次能源危机，它使得个人选择的回到土地、自给自足的生活方式突然有了追求资源可持续性及检讨科技盲目发展的社会意义。“石油资源正被我们消耗殆尽。我想不出来还有什么事情比石油枯竭更加有利了，那样也许我们不得不开始变革。”这当然也少不了对消费主义横行背后的现代化批量产品的批判：“生产一双永不磨损的袜子却与制造业的利益之间存在严重冲突。我曾经穿着一双尼龙袜子穿越了南美洲，徒步穿过热带丛林和河流。但是现在它们就像其他材料的袜子一样，穿一周之后便磨破了。

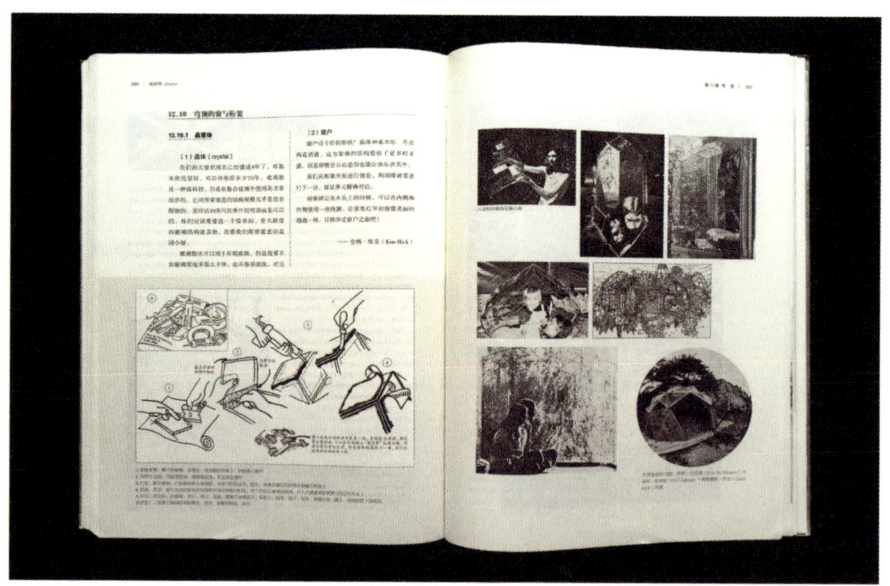

（因为）生产好的商品，制造商无法获利。”对新技术的盲目发展，书中也不乏冷嘲热讽：“男人不需要和女人在一起，便可以在电子网架穹顶中体验性高潮（注意：此时互联网和虚拟现实技术尚未出现）。当大气上层的超音速飞机尾气烟雾使得太阳变得模糊、地球获得的太阳光越来越少的时候，人们可以爬回洞穴中，而工业巫师可以在洞穴墙壁上投射出公共厕所的影像。”

卡恩显然对《全球概览》那幅地球照片印象深刻，书中他将地球单独列出一章，称呼它为所有生物共同的庇护所，呼吁我们正视地球的生态圈。“人的思想或无知将左右生物圈内进化的历史……也许这些影响是不可逆转的。”他反省“这些在大气、海洋、地壳中不可逆转的破坏是由人类工程的规模和20世纪的价值观所造成的”，并进一步考问：“支持生物圈运转的能量中有多少被用来维持一个单一的物种——人类？”

对20世纪工业化的反思并非仅仅源于能源危机的逼近，还有对人类个体才能丧失的忧虑：“无论是设计房子还是设计鞋子，我们设计的目标之一，便是尽可能地少借助机械，尽可能多发挥人自身的才能。……我们需要教授这些孩子珍视这些无生命的物品所体现的精神价值……当我们了解了工作原理的时候，才能发现的那种美。……在这种知识尚存的时候进行这方面知识的收集和整理是非常重要的。……传统知识是几千代人，父亲传给儿子，母亲传给女儿，代代相传的结晶……工艺制品在这段历史中承担了很重要的角色，因为很多人在成长中缺乏自信，而手工技巧的发展是一种很好的提升自我价值感的方式。”手工技巧不只是用来怀旧，而是实现自我的途径。

对比过去以人为尺度的生产活动与今日工业化规模生产，手工技巧并不只是对自我实现的帮助，而是影响生态圈和人类未来生存的重大议题。令人唏嘘的是，当书中批评20世纪70年代美国机械化农业时，他说到了当时的中国作为对比：“你是否依然记得在农业机械化之前的西红柿是什么味道呢？……我们现在可以看到农业机械化的结果：表层土壤被破坏、河流污染、昂贵而且无味的农产品。如果通过喷洒农药的方式人工加速芹菜生长，就会使它失去对抗掠食者的天然防卫能力……我们必须……为人类与机械能源寻找一种生态的、可持续发展的平衡关系……对采用原始的还是当代的耕种、建造方式做出理性选择……我手中的一些有关土壤的书籍资料表明，在公元前100年或者更早时期，中国人便掌握了很多针对特殊土壤和贫瘠土壤的对策。……在北京市，地下污水管道中的粪便使用

污水泵车进行收集和运输。所有这些粪便都会运送到人民公社……当所有细菌都被杀灭之后，这些粪便就可以作为庄稼的肥料了。在整洁的街道上，农民在拉车的牛、驴子和马的身上都绑了粗麻布袋子，用来收集粪便。小孩子们经常收集纸张、骨头、废铁以及任何生活垃圾，卖给路边的废品收购站，然后用挣到的钱购买冰棍儿。废品收购站的工作人员戴着制服帽，系着整洁的围裙，为中国的社会主义建设贡献自己的力量。”①

这本书引入中国的时间是在美国首版后40年（2012）。今天的我们与当年的美国何其相似！我们经历了剧烈的城市化，大量人口涌入城市、私人汽车的普及、交通堵塞、空气污染、人口居住稠密、消费主义盛行；农村则经历了人口流失、大面积的机械化耕种、化肥及农药的广泛使用、传统有机耕种面积不断减少……要是40年前看到《庇护所》的中国人，大概会把卡恩这一小部分人的思想和行动当作不可理解的另类对待。今天那些人物、故事和他们的理想、居住环境、生活方式读起来有一种时空置换的错觉，似乎现在的中国更像那个40多年前的美国，那

① 此段文字在《庇护所》原书中，中译本未收入。——编者注。

时的嬉皮士羡慕着中国；而如今的我们却一边饱尝工业化、城市化的种种苦果，一边看《庇护所》，回忆那段并不陌生遥远的年代我们自己的生产和生活。

此书的翻译用了大约10个月的时间，当时我居住办公于北京市区某座恒温恒湿的“豪华”绿色建筑内，一边享受着先进的绿色建筑科技带来的舒适环境，一边却承受着身体上越来越严重的过敏反应。受到40年前这些美国年轻人知行合一的鼓舞，我终于下决心改变工作与生活环境，从一个被城市人工环境包围的地方，回到可以接触自然的地方，从一个画图的建筑师变成一个挽起袖子的“工匠”：拿起工具，自己动手，种植，烹饪，做家具，当然还有——亲自参与建造。这7年来，利用建筑师职业得天独厚的机会，我学会了不少电动木工工具的使用，也亲自参与了房屋建造。伴随“手艺”的进步，切身感受到了“能够更多地依靠自己，我们就可以获得更多的个人自由，也就可以变得更加独立”的意义。

当我对建造有了更多“手”上的理解之后，受20世纪五六十年代农村“赤脚医生”运动的启发，我提出“赤脚建筑师”的想法。当时却不知道，卡恩的庇护所出版社在2008年就翻译出版了巴西建筑师约翰·范·伦根（Johan van Lengen）的一本书，书名就叫《赤脚建筑师：绿色建筑手册》（*The Barefoot Architect: A Handbook for Green Building*），记录了他早在70年代就开始的“赤脚建筑师”的实践。看起来，不管是在中国、美国还是巴西，早在70年代，世界不同地区就有许许多多类似的实践，如涓涓细流，终于壮大至今。虽然今天的现实比20世纪70年代更加严峻，然而去中心化、定制化、解放性的“软性技术”也不断进步，并为人类生存和发展提供了新的选择机会。

距离ATS-3拍摄的地球照片诞生已经过去了整整半个世纪，越来越多的人通过这张照片感受到了那颗宝石般的孤独星球的脆弱。当读者合上《庇护所》时，我相信，我们对地球生态圈共生系统的认知将变得更丰富，对地球未来所赋予我们的责任也将更加清晰。

2017年10月1日

# 卷六　读影

每个脸庞都有一段故事。*Visages, Villages* 脸庞，村庄，影评

冯莉

SÉLECTION OFFICIELLE
HORS COMPÉTITION
FESTIVAL DE CANNES

# Visages Villages

un film de
AGNES VARDA et JR

UN FILM ÉCRIT, RÉALISÉ ET COMMENTÉ PAR AGNES VARDA ET JR
MUSIQUE ORIGINALE MATTHIEU CHEDID DIT -M-
PRODUIT PAR ROSALIE VARDA PRODUCTEUR ASSOCIÉ EMILE ABINAL COPRODUCTEURS CHARLES S. COHEN, JULIE GAYET, NADIA TURINCEV, NICHOLE FU, ETIENNE COMAR
UNE COPRODUCTION CINÉ TAMARIS, SOCIAL ANIMALS, ROUGE INTERNATIONAL, ARTE FRANCE CINÉMA, ARCHES FILMS
AVEC LA PARTICIPATION DE CANAL+, ARTE FRANCE, LE PACTE, COHEN MEDIA GROUP, LE CENTRE NATIONAL DU CINÉMA ET DE L'IMAGE ANIMÉE DISTRIBUTION SUISSE AGORA FILMS

# 每个脸庞都有一段故事

## *Visages, Villages* 脸庞。村庄。影评

冯莉

我第一次观看《脸庞，村庄》时，就被墙面上巨大的黑白人像照片所震慑，巨大的脸庞以独特的方式呈现，片中记录了一系列典型的场域特定艺术作品的创作过程。时隔多日看第二遍，吸引我的是对话，两位艺术家采访的人和参与创作的人群，以及两位艺术家之间的对话。 而第三遍观看，我的注意力更多放在那些耐人寻味的细节上：食物，老歌，旧照片，以及每个被采访者的眼神。这些细节包含着当地人的集体记忆，眼神里则透露出语言察觉不到的人的真实心理状态。

这三次观影感受和关注点变化的过程恰恰体现了人的整个认知过程，从视觉到语言，再到人与场所背后的故事；从外在表象到参与其中的人，最终抵达该场所与人们经年所形成的精神世界——场域精神。而好的场域特定艺术一定是体现了某种场域精神的作品，集体记忆，身份认同，被忽视的人群，以及现代性的种种后果……敏感的艺术家们正是善于捕捉并将之以艺术形式表现的魔术师。

正如瓦尔达所言：“每个脸庞都有一段故事。”人，特定场所，时间磨砺出的故事，加上艺术家的独特视角，每一件作品都体现出了当地场域精神的冰山一角，使得作品的影响力直击人心。

### 偶遇？乡村？被忽视的群体

观看之后我常思考一个问题：为什么导演会选择这些法国的小镇、村庄、郊区作为拍摄地点？为什么是这些人的面孔被拍摄后贴到墙面？

瓦尔达和JR的视角独特，他们将镜头转向——乡村，确切地说，指向那些被社会忽视的群体所在地：

街头，（路人）

衰败的矿工宿舍，（矿二代）

正在经历罢工的郊区码头，（被忽略的码头工人妻子）

孤独农夫的粮仓，（被现代化机械所困，忙碌却孤独的农夫）

流浪汉的小窝，（从未被工作束缚的自在流浪汉）

诺曼底海滩的废弃德军碉堡，（逝去的故人、安逸的摇篮、二战中在诺曼底登陆的盟军）

保留山羊角的农场，（尊重动物的有态度的农场主）

废弃经年的村庄，（断裂的人际关系）

作为化工厂唯一娱乐场地的电影院入口。（每天面临化学危险品的化工厂工人）

片中瓦尔达这样提及这次旅行的原则和目的：

偶然性永远是我最好的助手。每次相遇都可能是最后一次。

我们始终都和劳动者一起创作，拍的都是一群人。

我们一方面与大家分享，拍摄群像，另一方面，实现自己的小想法和一些疯狂的念头。

我们表达想象力，对事物展开自由的想象。

瓦尔达所言的偶遇，其实是有选择的，基于艺术家的直觉，这里的偶遇既有瓦尔达个人经历的印记，但更强调的是与边缘人群和社会底层的相遇，因为他们才是社会的大多数，是该被关注的对象。而JR以巨大的尺幅让每一个脸庞后的故事被放大，被关注，更重要的是引起他们对自身境遇和场所的关注乃至反思。于是，我们看到了热泪盈眶的被访者、兴奋的孩子们、快乐的邮递员、长角的山羊……艺术的力量在此显现。

## 脸庞背后的故事

全片最让人感动的是一个个鲜活的人背后的故事，而导演的意图也并非呈现艺术作品的创作过程，而在于借创作作品呈现特定群体的生活状态和精神世界，通过镜头阐述自己的态度。

几个印象深刻的人物故事……

## 百灵鸟面包

“我们没法在外面安置，这里有太多的回忆。没人能了解我们经受的一切。”

—— 让尼娜

令矿二代让尼娜记忆犹新的是父亲每次下井回来带给她们的面包，一点点吃剩的，看似脏兮兮沾染了煤灰的黄油面包，却成了孩子们对父亲井下工作既害怕又新奇的符号记忆。70多年过去了，废弃的矿工宿舍里只剩下让尼娜，至今不肯搬离的原因

上 百灵鸟面包
中 让尼娜
下 矿工宿舍

正是那份对房屋的依恋，对逝去记忆的不舍。JR和瓦尔达以他们的方式向矿工们致敬，向以让尼娜为代表的当年矿工生活的见证者致敬，向那段集体记忆致敬。

### 消失的海滩男孩

从诺曼底海滩高耸的悬崖上跌落的二战德军碉堡（军事掩体），以戏剧性的方式斜插在沙滩上。瓦尔达想起了自己和故人盖伯丁合作拍摄作品的日子。安静的盖伯丁，仿佛婴儿般靠着海边小屋熟睡的照片，被JR贴在了旧碉堡一角。碉堡这时化

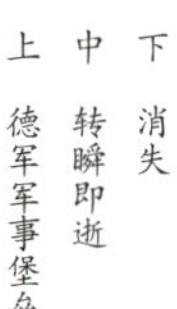

下 消失

中 转瞬即逝

上 德军军事堡垒

作摇篮，战争的残暴被瞬间化解。

然而第二天潮水退去，海滩男孩消失了，现实残酷，美好的东西总是转瞬即逝。 面对海风吹起的沙尘，瓦尔达自言自语：“海总有它的道理，还有风，还有沙。照片消失了，我们也得消失。”

如何面对死亡和朋友的故去？这是老年瓦尔达不得不面对的问题。而自小和老人长大的JR也感同身受。面对不断地老去甚至死亡，瓦尔达的态度很坦然：“我其实很想到那边去，因为这意味着一切都结束了…… ”

## 过上了城堡生活的鱼儿

瓦尔达借贴在化工厂水塔外侧的巨幅鱼儿图像，以“水塔”和“城堡”一词在法语中的同音，隐喻化工厂工人们可望而不可即的悠闲而富有的生活。他们在机械、危险的日常工作中只能借电影院消遣放松，释放压力。

上 拍照

下 集体照

上 墙面上的照片
下 水塔上的鱼

JR建议在拍集体照时所有人全裸，这既是对乏味生活的反抗，也是对压力的一种宣泄。很可惜没有实现。但两张集体照，已经让工人们通过在群像中找到自己的脸而露出了笑容。归属感和共同体的认同感，也能给人以莫大的鼓舞。

**有态度的牧场主人**

镜头其实是在两家有着截然不同经营理念的牧场间切换的。纪录片始终在考问观者一个终极问题：我们该如何对待被驯养的动物？是把它们当作榨取利润的产品一味地索取、索取再索取？还是尊重它们的生命权，保留它们长角和打架的动物本能。

女农场主的一番话温暖人心："我不习惯噪声和清洁，挤奶是一个如此安静平和的时刻……山羊不是只带来利润的产品，若尊重动物的话，就该把角留着。山羊是会打架，可人也会打架呀！"

上 带角的山羊

下 山羊

庆幸还有这样有态度的牧场主，坚持手工挤奶，把动物像自己的孩子一样照管。JR把瓦尔达拍的长角的山羊照贴在了小镇最醒目的位置，态度鲜明，如同山羊锋利的犄角。

### 缺失的女性

勒阿弗尔港郊外，正在罢工的码头工人见到了瓦尔达和JR，这里本不符合地点筛选条件，但瓦尔达听说这里是男人的世界之后，决定开始创作。三位矿工的妻子被邀请，意外地发现其中一位竟然是这座码头唯一的大货车女司机，令人陡生敬意。三位平日里被忽略和消失的女性的全身像被贴在码头集装箱组成的墙面上，三尊巨大的图腾和雕塑出现在这个属于男人的世界里。女性的声音被陡然放大，站在地面的她们的丈夫与此形成了巨大的反差。三位女性坐在自己雕像的胸口，但反应却截然不同。这恰恰贴合了当下女性群体的现状。

女性发声和自我意识的觉醒，是当代艺术创作的主题之一。瓦尔达和JR

借助场所的力量，巧妙地将这一柔一刚、一静一动结合在一起，创作出了震撼人心的作品。相信从雕塑集装箱上走下来的三位女性，今后定会有不同程度的改变。这就是艺术的力量。

**波尼的流浪汉哲学**

从来没有工作过、吃低保的75岁流浪汉是JR在露天肖像画廊偶遇的，他的随性和具有磁性的声音给人的感觉更像一位艺术家。随后JR和瓦尔达被他带去参观自己的地盘（用废物搭建的没有天花板的小屋），在展示了自己的酒瓶盖作品之后，波尼坐在自己作品前的一番话令人回味，导演也给了他的笑容最大的特写。

这里很舒服，很自在。我们都活在地球上。
知道吗？我在一颗星星的庇护下出生，我的月亮母亲给予我清凉，我的太阳父亲给予我热量，还有宇宙给予我居所。
你能想到吗？我有多么大的生存空间啊！

流浪汉波尼把自己活成了一件艺术作品。这超然的状态恐怕正是JR和瓦尔达乃至每一个被裹挟进现代社会的普通人可望却不可即的。

波尼的这段采访也是我在看完三遍片子之后最感动和喜爱的部分。

上　流浪汉的照片
下　波尼的地盘

## 双盲的艺术家？

片中最引人注目的还是这一老一少的艺术家组合。

一个是88岁背着绣花小包，视力渐渐模糊，新浪潮的祖母，做过摄影师导演的老奶奶；一个是33岁，永远戴着帽子、墨镜，留着络腮胡，擅长拼贴人像的艺术家。这一对儿忘年交的旅行总离不开讨论眼疾和墨镜，他们的话题甚至扩展到死亡，故人，回忆。

片中断断续续穿插了瓦尔达治疗眼疾的镜头，在她和JR的对话中提到自己的视力不断下降，看东西越来越模糊。而JR出于某种原因，则一直戴

着墨镜，直到片子结尾在日内瓦湖畔才摘下，但此时的瓦尔达已经看不清他的脸了。

两个视力迥异于常人的艺术家相逢，开始一段旅行，合作艺术作品，这奇异的组合，却成就了众多打动人心的作品。

在我看来，他们的所谓盲，反而使得艺术家的敏锐度、敏感度陡增，直接发掘出当地的场域精神并与之发生共鸣。

让我们以他俩的一段对话作为结束，细细体会其中的寓意。

JR：实际上，你看到的是模糊的，但是你很高兴。

瓦：而你看到的都是深色的，你也很高兴。

其实这取决于我们如何看待事情。

JR：保持距离。

瓦：或者站在高处……

# 卷七　观展

## 故土新用。简评「土生土长」生土建筑实践双城展

邓圆也

# 故土新用

## 简评「土生土长」生土建筑实践双城展

图/文 邓圆也

当谈及什么是现代生土建筑的本意，很多人首先想到的是中国传统建筑文化的续命。而生土建筑的长年研究和实践者、北京建筑大学穆钧教授则认为，生土的使用和建造需要逻辑和技术去支持，而非只是依托于文化的传承。回望与正视生土材料的优缺点，在技术上不断改良和发展，在建造决策上理性、适宜地选择，可能才是生土建筑的传承路径。

中国传统建筑的类型丰富多样，各地都有因地制宜的传统民居建筑及其文化。在历史上长期处于交通不发达状态的地区也有很多，由于交通不便，经济活动和技术交流也受到制约。因此，在建材交易和运输都不太可行的情况下，这些在地建筑的建造，基本都取材于当地资源。最常见的建筑材料是土、木、砖、石、竹。其中利用最多的两种材料便是土和木。

中国传统以“土木之功”表意概括一切建造工程与营造行为，由此可见，生土与木材在建造文化和经验中，都是极为重要的材料。以土为材而造，不仅限于我国，在世界范围内都是溯史久远、应用广泛的营造传统。在有据可依的古遗址里，最早可以上溯到半坡时期，在半坡的遗址里面有着大

展览现场

量的夯土遗存。[①]生土材料，指以原状生土为主要原料，无须焙烧等化学加工、仅需机械加工便可用于房屋建造的建筑材料。其传统形式包括夯土、土坯、泥砖、卓泥、屋面覆土、灰土等。[②]以这一类生土作为主体结构材料的房屋通常被称为生土建筑。迄今为止，我国仍有至少六千万人口居住在不同形式的生土建筑中，且多集中分布于中西部、西南、西北较为贫困的农村地区。传统的生土材料在乡村的农居、功能性建房等应用中十分广泛，作为基础主体结构材料占比较大，少则20%，在惯用生土建造的甘肃、西藏、云南等省份的部分乡村或山区，生土材料占比多则达到60%以上。

就优势而论，生土材料为中国乡村的建造活动贡献了一条较为完整的生态链，与农村的自然环境和农业的生产方式形成默契循环。因此，基于传统的环境资源与居住逻辑，生土被广泛应用在建筑中也是一种必然选择。与目前较多见的农村常规建筑材料（石材、木材、混凝土等）相比，生土材料被称作是能“呼吸”的材料，王澍曾说生土是使居者能与其居屋一同生长、变老、看四季变化的材料。所谓“呼吸”，是生土材料天然具有突出的蓄热性能，可以有效调节室内湿度与空气质量，使房屋室内冬暖夏凉，舒适宜居。生土材料的环保特性也十分突出，就地取材，因地制宜，再循环再利用率极高。生土材料的建筑施工简易低技，易于习得与复制，成本低廉且颇具弹性，拆除也比较简单省事。房屋拆除后生土材料可反复使用，如果不再适宜建造，也可回归农田，生于土，归于土。生土材料的加工过程低能耗、无污染，据穆钧团队测算，其加工能耗和碳排放量分别为黏土砖和混凝土的3%和9%，对自然环境十分友好。

但是，传统生土材料建造也具有较为显著的固有缺陷。传统的生土建筑结构相对松散、防水性差，在保温性和环保性方面虽有优势，但是在力学上，例如抗震、

① 穆钧，“生土建筑研究与实践”讲座，2017年10月28日，深圳有方空间。

② 穆钧、周铁钢、蒋蔚、陆磊磊、王帅、李强强，《现代夯土建造技术在乡建中的本土化研究与示范》，《建筑学报》，2016年第6期。

防水等方面的弱点明显。在多震多灾地区，传统生土营造不足以应对和满足当地居住的需求。尤其是在云南、甘肃等生上材料应用最为集中的地区，恰恰是地震等自然灾害多发区，对于房屋的安全性和耐久性能要求更高。这些地区一旦发生灾害，生土农房从宜居住家即刻变成了危房。据统计，在西部地区，中华人民共和国成立以来历次大地震中坏损或倒塌的农房半数以上为生土建筑。而其耐久性差的问题，主要表现在生土墙体易开裂，风蚀剥落、墙根碱蚀厉害，蜂窝、鼠洞、虫蛀较多，房屋外观品质普遍较差。①贫穷落后——这是人们对生土建筑的刻板印象。而由于其固有缺陷，传统生土建筑不断重复着这种刻板印象，一方面难以满足本地使用者改善条件和提升安全系数的要求，另一方面也限制了本地自发的对生土材料的再创造和探索欲望。

因此，生土作为最原初、最自然的建造材料，需要被重新审视和再造。

2017年9月16日，中国首次以生土建筑为主题的专题展览——“土生土长”生土建筑实践京港双城展开幕式暨现代生土建筑国际论坛，在北京建筑大学西城校区举行。此次活动由住房和城乡建设部村镇建设司、无止桥慈善基金主办，北京建筑大学承办，系统介绍了全球和中国本土生土建筑研究与实践成果。

展览包括了北京建筑大学研究团队十来年的研究实践成果和教学工作营成果。关于生土这一传统材料的探索，在无止桥慈善基金、住建部村镇司和北京建筑大学的支持下，工作营发动了来自北京建筑大学、西安建筑科技大学、香港，甚至美国的30多位大学生志愿者。展览希望通过总结团队十余年来的工作，向大众系统地普及传统生土建筑相关的知识，纠正一些认识误区和刻板印象，触发对如何传承建筑文化和技艺的再思考。展览通过图文展板、实物工具、样品试件、片段装置、建筑模型、视频资料等形式，首次较为全面地呈现了中国传统生土民居建筑及其建造技术、生土材料应用基本科学原理、生土材料美学表现、现代生土建筑领域的实践与探索，以及国际当代生土建筑优秀案例五个板块内容。展览梳理了对生土营建传统的再认识、现代生土材料科学的发展和案例，以及以生土材料的技术理性为核心去探讨传统再造的权宜之计。如何在经济活动和社会体系的转型旋涡中，以当下的方式来传习建筑文化和建造技艺，此次展览带来很多启发。

---

① 穆钧，《现代生土建筑研究及实践介绍》报告，2016年12月。

展览现场的生土实物和样品试件

策展人穆钧写道，每当被问及传统夯土和所谓现代夯土的共性和差异时，他会说如果传统夯土是“土布”，工业手法则可比作是过去风靡一时的聚酯纤维“的确良”，那么现代夯土正是我们现阶段努力研究由“土布”改良成的高质量“纯棉制品”，在生态性和效能上都有良好的表现。[1]工业革命热潮已去经年，在全球资源逐渐匮乏的今天，追求自然的价值转向不仅早在生活中出现，在建筑领域也成为主流趋势之一。欧美目前主营自然基建材加工的企业众多，后工业化时代，对自然的回望并非简单的历史倒流，而是一种基于反思和技术革新的再创造。

## 回望：中国传统生土民居

展览首先系统地回顾了生土建筑传统在中国大部的发展、脉络、特点、技艺等。厘清概念，并辅以代表性夯筑工具实物、传统生土建筑案例的图文展示等。从范围和时间纵深上都相对全面的文献、实证、实物，共同绘制了中国各地传统生土民居建

① 穆钧，《生土营建传统的发掘、更新与传承》，《建筑学报》，2016年第4期。

筑与建造的整体情况。

生土建筑历史可回溯到数千年前，根据考古发现，早在石器时代，中国先民便熟练掌握了以土为材的营造技术，从距今七千年前的磁山文化、裴李岗文化、大地湾文化遗迹，到约两千年前的高昌故城、交河故城、古长城、大型墓葬等遗址中，均有生土建筑遗迹。直至今天，我国的生土建筑遍布全国各地，除了耳熟能详的窑洞、土楼，还有西南地区的蘑菇房、土掌房，青藏高原上的碉楼，以及新疆的喀什古城等。① 每个地区因为气候、资源和技艺的差异，有比较常见的6种建造工艺。例如干打垒和湿打垒，打垒是夯土的机械加工方式，干打垒在缺水的西北地区用得较多，湿打垒在水量充沛的南方较为常见。此外，常见的生土建筑工艺还包括覆土、木骨泥墙、竹骨泥墙以及夯土。②

据穆钧介绍，在木材资源跟人力资源较为丰富的青藏高原，一户盖房，全村帮忙夯。当地的夯筑方式是使用木板或原木整层支模，一圈一圈往上夯

① 穆钧，“生土建筑研究与实践”讲座，2017年10月28日，深圳有方空间。

② 穆钧，《现代生土建筑研究及实践介绍》报告，2016年12月。

| 草泥 | 泥制土坯 | 覆土 | 木/竹骨泥墙 | 压制土坯 | 夯土 |
| --- | --- | --- | --- | --- | --- |
| 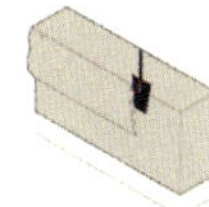 |  |  | 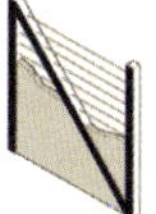 | 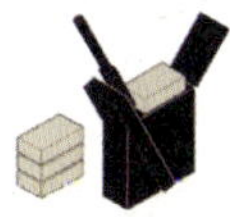 |  |
|  |  |  |  |  |  |
|  |  |  |  |  |  |



筑。在西南地区，例如云贵川一带山地，建造需要考虑如何解决和适应地形差异，于是本地人会使用短小厚实的木板制成模板，像砌砖一样夯筑，拼装的方式更具灵活性，可以最大限度地满足不同样式的建造需求。而在西北地区，木材资源和水资源都非常匮乏，所以本地的传统做法是用木椽捆扎制作模板，夯完墙之后，木椽直接用于屋面建造，充分利用材料资源，建造系统形成闭环，整个过程不产生废弃物。

传统的建造方法虽然在效能等方面有很大提升空间，但夯土技艺的传统基础和在地经验，为此后的生土建筑现代化也提供了土壤和空间，甚至是互相学习的机缘。

## 优化：生土材料应用基本科学原理

展览利用图文和教具对现代生土材料优化的基本原理进行了科普性的介绍。同时，首次引入了法国amàco材料营造研究中心拍摄制作的“生土材料应用机理”系列教学片，从中观和微观层面生动地诠释了生土材料科学研究已取得的成果。

前文所提及，传统生土建造在技术上比较灵活简易，材料本身具有蓄能、生态、低耗、造价低廉等优势，在资源匮乏区被大量应用。但传统生土材料在力学和耐久性能方面的固有缺陷，也在广泛应用中被层层披露，尤其是在抗震、防水、

不同混合比例的生土样板

防蛀和防腐蚀等方面表现得不尽如人意。在中华人民共和国成立以来历次大地震中，坏损或倒塌的农房多半为生土建筑。其耐久性能远低于常规建筑材料也是当下农村建设中大多数传统建造技术面临的共同窘境，制约了生土材料在现代化应用上的发展。

在此基础上，生土建造核心技术的推敲和演进，试图一方面保留和发展生土的生态潜力和美学价值，另一方面改善和消解生土的固有缺陷。自20世纪70年代第一次全球能源危机开始，以位于法国的“国际生土建筑研究和应用中心”（CRATerre-ENSAG）、amàco材料营造研究中心为代表的欧美发达国家的研究机构，便着手展开对于传统土材料特性、缺陷形成机理和建筑技术的一系列理论验证、策略分析和科学实验。例如，在西部大部分地区，传统工匠通常选择沙石含量较低的高黏性土壤作为原料，直接通过手工器具进行夯筑。根据CRATerre-ENSAG的实验研究发现，较低的沙石含量恰恰是传统夯土力学和耐水性能较差、且易开裂的根源之一。①

① Houben, H.G., Hubert. Earth construction: a comprehensive guide [M]. London: Intermediate Technology Publication, 1994.

不同原料状态和加工方法及成分类别

而现代夯土优化机理与我国传统夯土最大的区别在于夯筑原料的土沙石级配和基于机械夯筑的现代机具的引入。不同的配比使土料混合物形成与混凝土相似的骨料构成，通过含水率的控制和基于机械的强力夯击所带来的物理作用，使得干燥后形成的夯筑体的力学性能以及耐水、防蛀、防潮等耐久性能够得到极大的提升。该优化原理经数十年的实践检验，已成为全世界现代夯土建造技术研究和实践所依据的重要理论基础。以此为基础，团队选取了多个地区的原状土作为原料，进行了一系列验证试验。试验结果显示，根据该原理夯筑形成的墙体抗压强度约为传统夯土墙体的两倍，随着夯击力度的加大，最高甚至可达到常规黏土砖墙的强度。① 由此而形成的生土材料性能优化机理，既保存了突出的生态效益和普遍的地域适应性，又有效克服了传统生土材料在力学和耐久性能等方面的缺陷。优化应用技术在过去40年间，通过不断的工程实践，已比较成熟且适用于绝大多数土质。

夯筑模板方面，我国传统夯土技术中最为常见的两种模板是椽筑和版筑，但其刚度均不足以抵御气动或电动夯锤带来的冲击力。欧美现代夯土模板体系不仅价格昂贵，而且不适用于中国农村粗放的施工模式。鉴于西部贫困农村地区的条件，研究

① 徐颖，《新型夯土房屋材料基本力学性能试验与结构性能分析》，西安建筑科技大学硕士论文，2012年。

团队通过大量的市场调研和多轮加工试验，最终选择利用竹胶板、型钢、螺杆等村镇建材市场常见的材料，设计加工形成了一套新型模板体系。①

## 观象：生土材料美学

长期以来，因为传统生土建筑的固有缺陷而造成的易耗损、易霉潮、易腐蚀、遇到震击易坍塌的情况，被大多数人包括居住者自己都视为贫穷落后的象征。在这种对生土建筑固有的认知之下，农民想要砖混房，想要贴瓷砖，在预算允许的前提下，很多人推翻了生土老宅另起炉灶。几乎没有人愿意在新建房时选择生土这种材料。虽然现代生土技术在不断优化、革新，包括结构和系统设计、施工方法的机械化、预制化等，人们对生土"危房"的刻板印象并不能被瞬间消解。现代生土材料和技术要如何推广，如何引入现代建筑设计体系，在表达上也需要新的尝试。

对于材料美学的探索和引导，穆钧的研究团队在已形成的研究成果与实践经验基础上，指导学生志愿者充分利用不同原色的生土为材，以大量的小型试件，分别在强

① 穆钧、周铁钢、蒋蔚、陆磊磊、王帅、李强强，《现代夯土建造技术在乡建中的本土化研究与示范》，《建筑学报》，2016年第6期。

度、色彩、肌理、形态等层面尝试开放式的设计与制作。小型试件以矩阵或雕塑的方式陈列，展示感强烈，使人们可以通过观察与触摸，来重新认识和体会生土作为一种“新”的传统材料，具有潜能巨大、多变、生动的设计语言和表现形式，并促发观者思考生土“新”的适宜的应用定位。

## 反思：现代生土建筑实践与探索

展览团队对现代生土的在地化研究和实践在这一板块以具体案例的方式呈现。依托于发达的混凝土施工体系的欧美现代生土建造技术并不适用于我国农村。而且，法国、奥地利等生土实践活跃的地区，地震设防烈度通常并不高，相关的生土建筑抗震经验较为有限。而我国的生土建造活跃地区，往往需要应对反复地震等灾情。探索成本低、抗震力高的生土建造方式，是中国农村现代生土实践的核心。

团队多年来参与了多个一线扶贫救灾项目。包括2005—2007年的毛寺生态实验小学、2008—2010年的四川马鞍桥村震后综合重建示范项目，还有2011年以来在全国多个地区开展的现代夯土建造技术示范与推广活动。随着项目的发展，团队已迈入基于现代生土材料优化和全建造系统的本土化技术革新，尤其在抗震设计方面，策展团队的相关研究成果已走在国际前沿。

大致而言，现代生土实践的演进有发掘利用、改良提升和系统革新三个阶段。[①]在毛寺生态实验小学和四川马鞍桥村项目中，团队也收获了许多经验和教训，一开始也经历过因对土坯力学和防水处理不力，在短期内耗损而最终被村民弃用、改造的情况。[②]在一线扶贫建设中，团队也从当地原有的建造逻辑和技艺中有所吸收，并加以提升，获得良好的效果。在地营建的推广示范中，也遇到过与村民沟通和说服的问题。本地居民原有的居住习惯和建造理念，并非理论性的普及就能改写，通常情况是需要长期的驻扎、实操示范和口耳相传等社会化手段，逐步使村民理解、接受和拥抱新技术，使他们真正相信现代夯土很结实牢固，体验到升级版传统技术的熟悉与新鲜。

马鞍桥村村民共建夯土住宅

① 穆钧，《生土营建传统的发掘、更新与传承》，《建筑学报》，2016年第4期。

② 穆钧、周铁钢、万丽、吴恩荣、马劼、杨华，《授之以渔，本土营造——四川凉山马鞍桥村震后重建研究》，《建筑学报》，2013年第12期。

现代夯土民居建造研究与示范项目——马岔村村民活动中心

直至第三个阶段，2011年6月研究团队以甘肃省会宁县为基地启动了“现代夯土民居建造研究与示范”项目，旨在基于已成熟的现代夯土材料优化机理，针对夯土民居开展进一步系统的研究和实践。相对于前两个阶段的研究实践经历，团队近几年对建筑结构体系、功能性构造、施工机具、施工方法等进行了系统的本土化研究，使生土材料的生态效能显著提高，成本进一步降低，使其在现代建筑体系的发挥有了更坚实的基础。

例如，团队在项目中对节能构造设计方面做了一些改进尝试。在当地传统的坡屋面构造基础上，利用椽间空间设置秸秆保温层，再加上传统室内吊顶，使屋面的保温性能提升了50%，而其材料和人工成本仅为常规保温构造的 20%。并且，新型夯土农宅在建设过程中产生的碳排放和蕴含能耗，仅为普通常见材料的20%左右。又例如，在马岔村示范房建成后，村民得知其造价仅为600元/平方米时，计划近年翻建房屋的均申请学习和利用新技术进行建设。根据建成后的结果统计，村民自组织建设的平均造价仅为320元/平方米，最低仅为280元/平方米。并且，在自建造的过程中，村民们在机具使用和施工技巧方面，甚至提出了一些创造性的改进。在一些贫困地区，如果采用传统邻里互助的模式进行建设，其造价可以更低。[①]

① 万丽、吴恩融、穆钧，《住房和城乡建设部重点项目——马鞍桥村灾后重建示范》，《生态城市与绿色建筑》，2011年第2期。

此外，为应对抗震而研发的建筑结构体系，从技术规范和标准，到数据梳理和试验，团队在前期研究数据十分匮乏的情况下，一步步积累推进，最终提出了一套夯土墙承重结构体系的结构设计策略。这套策略适宜于建筑体形系数的控制、抗震协同，以及墙体间交接、墙体与屋面、墙体与基础部位的构造措施等方面。试验结果显示，基于该结构体系下的新型夯土房屋可以满足我国八度地震设防烈度的抗震设防目标。①

## 拓展：国际现代生土建筑优秀案例

2016年，国际生土建筑中心从来自67个国家的357个国际性当代生土建筑项目（建于2000年后）中，评选出9个优秀项目并授予专项大奖。其中，策展团队的"毛寺生态实验小学"和"马鞍桥村震后重建综合示范项目"两个项目入围，后者获得社区发展类大奖。本次展览将部分获奖优秀案例以图文展示，呈现了国际生土建筑的多元与创新趋势。

生土建筑即使在世界范围内也是应用历史最悠久且分布最为广泛的传统建筑形式。在全球多个早年已开始探索现代生土建造技术的国家，相应的建造技术准则已陆续形成，可量化、标准化和效能性是共同关注的重点。国外的生土优化应用实践有两大发展趋势。一是以改善民生为导向的，多用于发展中国家的一线扶贫建设项目中，强调低造价、安全耐久、人工要求低、在地适宜性。二是作为一项高性价比的现代生态建筑技术，利用生土的生态效能和全新多元的材料表现效果，与现代建筑设计体系叠加，提升建筑环境综合效能和形式。近二十年来在欧美发达国家大量涌现的生土别墅、医院、教堂等多元化现代建筑，以及在历年国际建筑大奖中频繁出现的生土建筑获奖案例，均是这一趋势的具体表现。②

法国、美国、澳大利亚、德国、日本、印度等国均是现代生土建筑研究、实践和标准制定的领先区域。印度有8 000万左右的生土住宅，法国15%的乡村住宅以土建造，更多西方国家正在积极引导人们采用先进技术手段

① 穆钧、周铁钢、蒋蔚、陆磊磊、王帅，李强强，《现代夯土建造技术在乡建中的本土化研究与示范》，《建筑学报》，2016年第6期。

② 穆钧，《现代生土建筑研究及实践介绍》报告，2016年12月。

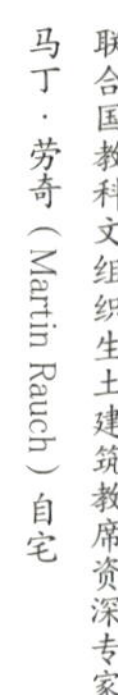

联合国教科文组织生土建筑教席资深专家马丁·劳奇（Martin Rauch）自宅

来建造生土建筑，基于较完善的生土材料理论与成熟的工业体系，生土建筑不仅数量庞大，类型也十分丰富，包括居住建筑、医疗建筑、办公建筑、工业建筑、宗教建筑等，此外，还有农业构筑物、城墙和纪念碑等。[①]法国是开展现代生土材料和建造技术研究最早，也是目前居于国际领先地位的国家之一。在那里，联合国教科文组织生土建筑分部的执行机构“国际生土建筑研究和应用中心”是最具影响力的权威机构。基于其研究创立的生土材料优化理论体系，该机构出版了两部现代生土基材料建造和研究的准则性理论著作：*Earth Construction: A Comprehensive Guide*（《生土建造：综合指导》，1994年）和*Bâtir en terre*（《生土建造》，

① 张晰，《生土材料在当代建筑设计中的建构逻辑》，天津大学硕士论文，2012年。

2009年），以数十年的密集研究和实践成为行业基准。作为与中国西部农村发展现状相近的发展中国家，印度在生土建筑领域取得的研究成果和经验，尤其值得我国农村建设领域借鉴。通过技术培训和施工工具的低价租用，印度的生土建筑技术现已成功推广到数十万农户的房屋建设中，为经济条件相对较差、人口密集的地区带来了巨大的经济、环境和社会效益。[①②]

## 结语

自然基建材的趋势还在升温。生土材料是一个唾手可得的试验介质，如何充分利用本土自然条件和资源，结合在地社会生产模式，研究和实践出更具有在地适应性的建筑设计和营建方法，是展览想要表达的——或者团队在研究实践中一贯坚持的主旨。虽然建筑师们的某些技术和理念可能仍无法满足变化多样的生活和场景，但对传统经验的提取和对现代技术的推进，已一定程度上缓解了传统建筑与当今需求之间的矛盾。“我们的目标并不是取代混凝土。”穆钧在一次采访中说道。他对生土的认知和应用自始至终保持理性，认为如何合理利用、改良和规避缺陷才是重点。例如对材料强度和防水需要高要求的建造时，生土确实无法取代混凝土。对于材料选项和技术选项的限制，不是非此即彼的选择，而更应是努力建立更广泛、更多元、更有余力的选项和体系，使得人们在实际建造中，可以基于实际条件和需求，获得最适宜方案，建造理想的居屋。

---

① 美国新墨西哥州、亚利桑那州和地震频发的加利福尼亚等地，传统夯土建筑技术经过改良，并在手工机械的帮助下已逐渐走向了市场化和半工业化。新墨西哥州政府1991年制定实施了《新墨西哥州土坯与夯土建筑规范》（New Mexico Adobe and Rammed Earth Building-Code），对生土建造的技术指标做了详细的量化，打破了经验和粗放型的传统生土建造方式。澳大利亚的生土建筑实践始于1952年建筑师乔治·米德尔顿向建设部呈交的《生土墙建设报告》，生土建筑在澳大利亚的发展迅速壮大。以该报告为基础，经过多轮修改形成的建筑手册已成为该国的生土建造标准。德国政府早在1999年便出版发行了《生土建筑导则》（Lehmbau Regeln. Begriffe; Baustoffe; Bauteile）。目前，该导则已被德国周边国家政府作为生土建筑设计建造控制标准推广执行。德国生土建筑协会也持续了近三十年的生土建筑相关设计和技术培训。日本在生土结构抗震研究方面沿用建筑抗震的轻巧设计原则，在生土墙体中布置一定量的荆条，形成泥巴墙这一特殊结构形式。泥巴墙重量小，受到的地震力较小；同时，荆条使得墙体具有较好的延性，起到消解地震能量的作用。

② 穆钧，《现代生土建筑研究及实践介绍》报告，2016年12月。

# 作者简介

**芬雷**

写字、做书、策展。“泼先生”发起人之一，记述电影联合发起人。2016年联合策展第11届上海双年展城市馆项目“谷神变”展览。2018年联合策展“方志小说：驻村写作联展”（安徽碧山）。

**周功钊**

建筑师，中国美术学院建筑系博士生，建筑系及公共艺术系外聘讲师，生活工作于杭州。参与导师王澍教授的建筑工程实践，并专注于村落、园林的文本写作与空间实验。著文发表于《乌有园》《筑苑》等书籍刊物，译著有《我所在的地方》（[日]隈研吾）、《帕拉第奥与帕拉第奥主义》（[英]罗伯特·塔弗纳，即将出版）等。

**龙奕瑭**

策展人，写作者。1992年生于韶山，2014年毕业于厦门大学艺术管理专业，现工作生活于厦门。2015年参与创立轴艺术项目AXIS Art Project，先后策展了“一座岛屿的可能性”和“厦门肉食公司”，其中后者入选上海当代艺术博物馆青年策展人计划。2016年创立独立空间404 Not Found Lab，在厦门后田开展社区的艺术实践。

**周净**

写作者，独立策展人，自由撰稿人。毕业于德国斯图加特大学语言学专业与国际法专业。第11届上海双年展城市馆项目“谷神变”展览策展人，译有保罗·利科的专著《论翻译》和《导读利科》（即将出版）。

**刘加**

毕业于四川美术学院新媒体艺术系，曾任职“艺术国际”网站和《绝对艺术》杂志的编辑，获得2017年度第四届国际艺术评论奖（IAAC）二等奖。

**苏杭**

青年策展人，建筑师，编辑。毕业于同济大学建筑系，取得硕士学位，任香港大学上海学习中心策展人及公共项目主任，成功策划和引进过多个建筑作品展、研究展、成果展等，在学术期刊和杂志上发表评论及研究，参与多本书籍的策划和编辑工作。